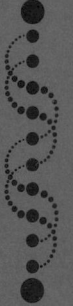

MEMORIA MUNDI

ATALANTA

43

NICOLÁS GÓMEZ DÁVILA
TEXTOS

ATALANTA

2010

En cubierta: N. G. D. en su hacienda Canoas-Gómez.
Soacha, Cundinamarca, *ca.* 1970.
En contracubierta: Hoja manuscrita de 1940. Texto inédito sobre
la Segunda Guerra Mundial.

Dirección y diseño: Jacobo Siruela

Cualquier forma de reproducción, distribución, comunicación pública o
transformación de esta obra sólo puede ser realizada con la autorización
de sus titulares, salvo excepción prevista por la ley.
Diríjase a CEDRO (Centro Español de Derechos Reprográficos,
www.cedro.org) si necesita fotocopiar
o escanear algún fragmento
de esta obra.

Todos los derechos reservados.
© Sucesores de Nicolás Gómez Dávila
© EDICIONES ATALANTA, S. L.
Mas Pou. Vilaür 17483. Girona. España
Teléfono: 972 79 58 05   Fax: 972 79 58 34
atalantaweb.com

ISBN: 978-84-937247-7-1
Depósito Legal: B-8.719-2010

ÍNDICE

Nota del editor
9

Textos
13

El reaccionario auténtico
149

Nota editorial

En 1959, la Editorial Voluntad de Bogotá publicó el segundo libro, que apareció en vida de Nicolás Gómez Dávila, con el sobrio título genérico de *Textos I*. Como ya ocurrió anteriormente con su primera obra publicada, *Notas. Tomo I* (México, 1954), este libro también fue promovido gracias al empeño de su hermano Ignacio, en una edición exclusiva y fuera de comercio, de trescientos ejemplares, «dedicada a sus amigos». Aunque su autor agradeció el gesto fraterno, no le agradó que se llevaran sus papeles a la imprenta sin haber pasado antes por su exigente criba y corrección final, y desde entonces se cuidó mucho de poner a buen recaudo todas sus notas, y no volvió a dejar ninguna hoja manuscrita que no fuese un folio mecanografiado con cierto carácter definitivo. Por lo demás, Gómez Dávila no hizo en toda su vida ningún intento de aproximación a un editor, ni trató de difundir su obra utilizando sus influencias, y serían tres organismos oficiales, el Instituto Colombiano de Cultura, Procultura con la Nueva Biblioteca de Cultura Colombiana, promovida por la Presidencia de la República y el Instituto Caro y Cuervo, los encargados de publicar sus *Escolios*, siempre impulsados por el entusiasmo de unos pocos y cultos admiradores.

Al igual que *Notas*, *Textos* es una obra inconclusa. Su segundo volumen jamás vio la luz, de ahí que se haya optado en esta edición por suprimir del título la falsa expectativa que suscita su engañosa cifra circunstancial. A pesar de tratarse de una obra de transición, en la que el autor no ha descubierto aún su voz definitiva, este ensayo filosófico tiene dos particularidades que merecen ser destacadas en el conjunto de su obra. Por un lado, es el único entre sus libros publicados que está escrito en prosa continua, en forma de tratado; así pues, el lector podrá saborear en toda su extensión la eficacia y calidad de su estilo. Pero, aparte del placer sensual que siempre reporta la prosa de Gómez Dávila, esta obra ofrece además una clave esencial de su pensamiento, pues según Francisco Pizano de Brigard, la idea seminal de su particular teoría de la reacción, es decir, el «texto implícito» al que aluden los *Escolios*, encontraría su primer desarrollo completo entre las páginas 55 y 84 de la presente edición. En efecto, en ellas Gómez Dávila expone, «sin ningún propósito didáctico», lo que serán las líneas esenciales de su visión antropológica, histórica y metafísica del hombre.

El asunto principal de este apartado es la democracia, que aquí no se entiende como mera forma de gobierno, sino como una especie de «religión antropoteísta», en la cual «el hombre asume al hombre como Dios». Esta teología involuntaria, atea y progresista, otorga al ser humano el papel de transformar la historia del mundo de acuerdo a la medida de sus propios anhelos. Tal declaración universal del hombre como centro de todas las cosas supone la negación de la autonomía de los valores, tema central de su pensamiento, pues para Gómez Dávila los valores no dependen de la historia ni de los vaivenes del juicio humano: son inmutables y autónomos, como los arquetipos platónicos. A partir de este postulado, «el hombre [ya no] es un viajero taciturno entre misterios», sino que ha pasado a presidir, con orgullo, una teodicea de antropoteísmo futurista cuyo vano sueño es la progresiva posesión del mundo. Para Gómez Dávila esto supone una confusión catastrófica de la historia humana; y como consecuencia de ello, su rechazo total a la doctrina democrática del mundo moderno constituye «el reducto final, y exiguo, de la libertad humana». El «texto implícito» termina con esta incómoda aseveración de cualquier pensamiento acomodado: «En nuestro tiempo, la rebeldía es reaccionaria, o no es más que una farsa hipócrita y fácil».

Concluye este volumen con el rescate de un texto breve y sintético en esta misma línea de pensamiento. Se titula *El reaccionario auténtico*, y fue publicado póstumamente en 1995 como parte del homenaje que la Revista de la Universidad de Antioquía de Medellín (n.º 240 de abril-junio) le dedicó un año después de su muerte. Sólo nos resta agradecer a Benjamín Villegas, editor y agente de su obra, las oportunas gestiones realizadas con la Universidad de Medellín para proporcionarnos el texto, y a la hija del autor, Rosa Emilia Gómez Nieto, el permiso para poderlo añadir a esta edición.

Jacobo Siruela

Textos

La vida es un valor.
Vivir es optar por la vida.

El hombre nace rebelde. Su naturaleza le repugna. El hombre ansía una inmanencia divina. El mundo entero sería el cuerpo insuficiente de su implacable anhelo. Pero el hombre no es la única ilimitable codicia de vida. Todo, en el universo, imperializa; y cada existencia singular ambiciona extenderse a la totalidad del ser. El animal más miserable, entregado sin prohibiciones a su fiebre, coparía el espacio y devoraría las estrellas. En los charcos de los caminos hay efímeros organismos que contienen la virtual posesión del cielo.

Ningún límite es interior al ser; ninguna ambición se recusa a sí misma. Toda renuncia nace de un obstáculo; toda abstención, de un rechazo. El universo es un sistema de limitaciones recíprocas, donde el objeto se construye como una tensión de conflictos.

La violencia, cruel ministro de la limitada esencia de las cosas, impone las normas de la existencia actualizada. Pero si la intervención de ajenas presencias amputa y trunca infinitos posibles, nuestra alma escuálida sólo es capaz de una fracción de los actos con que sueña. Todo el mundo es frontera, término, fin.

Nuestro terrestre aprendizaje es un desposeimiento minucioso. Cada atardecer nos desnuda. Nuestra ambición persigue decrecientes pequeñeces. Vivir no es adquirir, sino abdicar.

Todo es reto para que nuestra impotencia se conozca; todo es barrera para que nuestra debilidad se advierta y se admita. Entre nuestra avidez y el fruto que la sacia, una breve distancia extiende un espacio igual al infinito. Nuestro más hondo deseo es nuestra imposibilidad más segura.

Nuestra vida se deshace en cada uno de sus gestos, abandonando al limbo innúmeros abortos. Vivimos ahuyentando larvas que apetecen nuestra sangre. Nuestro destino es la presión que ejerce la pétrea abduración de una muerta libertad; cada elección obstruye las direcciones no elegidas; en cada uno de nosotros gimen los ahogados fantasmas que no fuimos.

La opción impasible y lívida preside todo instante.

Anhelamos aunar y confundir en una posesión simultánea objetos antagónicos, pero la implacable exigencia de actos coherentes divide y lamina nuestra avidez de monstruosas conjunciones. La incompatibilidad de satisfacciones contrarias anula el delicioso desorden de nuestros apetitos.

Pero si la simultaneidad nos delude, el tiempo nos veda un cumplimiento sucesivo. Todo acto es fecundo, y nadie puede abolir sus consecuencias. El vaho del pasado nos impregna. Inhábiles para retornar a nuestras encrucijadas pretéritas, no podemos pasearnos en el tiempo como por un obscuro corredor. La vida ignora el arrepentimiento, y olvidó erigir confesonarios en sus vanos templos.

Los años son nuestras celdas sucesivas. La vida traza una espiral desde el infinito de nuestras ambiciones hasta la fosa donde su vértice se clava. Nuestros sacrificios anticipan la rigidez postrera.

Somos, sin embargo, reos condenados a dictar nuestra propia sentencia. El hombre no puede entregarse a la trayectoria de su vida, como la piedra a la curva parabólica que la devuelve a la tierra. La vida no es un camino llano entre murallas; sino la senda nacida de nuestros pasos, como nuestras huellas.

El hombre es un animal perdido, sin ser un animal abandonado. El hombre no sabe adónde dirigirse, teniendo sin embargo la obligación de llegar. Una voz imposible de oír lo conmina. El hombre sólo sabe si cumple, después de arrostrar el fracaso.

Somos libres de postular los fines más diversos, libres de ejecutar las acciones más contrarias, libres de internarnos en las selvas más oscuras, pero nuestra libertad es sólo una libertad de errar. Si somos dueños de mutilar la promesa inscrita en nuestra carne, su determinación excede nuestro siervo albedrío.

La libertad no se alza como una plataforma sideral, para que el hombre se trace desde ella una ruta arbitraria entre los astros. La libertad no es el poder de fijar metas, sino el poder de malograrlas.

La libertad es nuestro riesgo, el noble privilegio de incumplir nuestro deber. El animal avanza, imperturbable, hacia la plenitud de su esencia; y la materia la realiza con su existencia sola. El hombre se estremece y oscila al borde de sí mismo. Nunca es blanco donde vibra la flecha clavada; sino aguda flecha en el viento.

La filosofía que no se resigna a impuros manipuleos peligra satisfacerse sólo a sí misma. Fascinada por la precisión que logra al obedecer a estrictas normas técnicas, suele escoger con habilidad los problemas que le conviene afrontar. La importancia que les atribuye, o la urgencia que les concede, no admiten más criterio que la docilidad con la cual los problemas se someten a las exigencias del método celosamente elaborado.

Sorda, así, al enigma que la invoca desde la penumbra cotidiana, la filosofía desadvierte la interrogación opaca, inmoble y tosca, para rendirse a la ambición de soluciones elegantes y precisas. Sus pretensiones a un escrupuloso rigor de raciocinio corrompen esta filosofía más codiciosa de ser sutil que profunda, y más ingeniosa que obstinada.

La filosofía se enriquece a costa del abandono de

la vida. El hombre, expoliado de sus naturales instrumentos por esa limitación ambiciosa, víctima inmolada a una estéril victoria, acepta como solución a sus problemas más urgentes la estructura en que se equilibran las presiones ejercidas por broznos resabios primitivos.

Sin embargo nuestra condición terrestre no tolera que el hombre desdeñe los problemas que descarta una filosofía envanecida con su integridad y su pureza; –si la filosofía claudica, los instintos desuncidos imperan con ingenua petulancia. La filosofía no puede ser solamente lucero de nocturnas vigilias.

Para salvaguardarse de sus peligrosos triunfos, conviene que la filosofía acometa la meditación de lugares comunes. Éste es el precio de su sanidad, y de la nuestra.

En verdad nada más imprudente y necio que el común desdén del lugar común.

Sin duda los lugares comunes enuncian proposiciones triviales, pero desdeñarlos como meros tópicos es confundir las soluciones insuficientes que proponen con las interrogaciones auténticas que incansablemente reiteran. Los lugares comunes no formulan las verdades de cualquiera, sino los problemas de todos.

La sabiduría que la humanidad condensa en sus lugares comunes no es tanto la suma de sus aciertos, como la experiencia de sus inquietudes. Lo que el lugar común nos aporta es la evidencia de un problema, la incansable constancia de una interpelación permanente.

Si caminásemos sobre un suelo estable, hacia una clara meta, los lugares comunes serían la doctrina certera del hombre; pero, en la estepa movediza, los lugares comunes recuerdan, a las generaciones nuevas, la universal tribulación de las generaciones pretéritas. La misma trivialidad de las soluciones nos mantiene, con saña tenaz, inmóviles ante la gravedad de los problemas que esconden.

La inmemorial reiteración de una fórmula insulsa sólo puede obedecer a exigencias profundas.

Podemos discutir la validez de una solución, aun cuando la ampare un acatamiento universal, pero la universalidad de un problema basta para probar su importancia, y el escepticismo mejor armado sólo puede lograr el traslado de su colocación aparente a su sitio verdadero.

Cualquiera que sea el disfraz que revista, el lugar común es una invitación tácita a cavar en su recinto.

El hombre no puede abandonarse al tiempo, absorto en el fluir de las colinas, extático viajero a la deriva sobre sus aguas silenciosas. Todo instante lo somete a la incoherencia radical del mundo, porque toda situación en que se halle hiere su corazón inconforme. Todo en el hombre es deseo, anhelo, ímpetu, codicia. El hombre es ambición inmortal y ebria de plenitud serena. La pulpa dura, lisa, tersa, del ser es su delirio, su destino, y su empeño. Pero ni siquiera en el breve rapto del placer sofoca el malestar que siempre le acompaña. De aquello mismo que lo colma teme la pronta huida, y sus certeros bienes son remedos que denuncia la lucidez de su pasión.

¿Bastará, entonces, describir al hombre como la suma de sus desnudos apetitos? ¿como un hambre de bien, voraz y cruel? ¿Bastará considerarlo como un opaco núcleo de energías disparadas sobre el mundo? En verdad, no lo creo.

El hombre no parece meramente el foco de sus actos vehementes, el hogar de sus fuegos, el tenso resorte de sus gestos, la causa señera y solitaria de su actividad multiforme. El hombre es una realidad más compleja y más rica. No es el huésped angélico caído en medio de una pululación de larvas. Ni la bestia enceldada en la concreción de su carne. Ni el espejo de una fantasmagoría de masas obedientes a sus solas trayectorias materiales. El hombre no es el mero sujeto, el espectador inmaculado, la pupila solitaria dilatada en el centro del espacio universal.

El hombre, en efecto, es el deseo que desea y el objeto del deseo, aunados en una posesión nugatoria. El hombre es la suma indisoluble de sus tendencias evocadas y de sus convocatorias metas.

El hombre es el conjunto global, integral, entero, de la condición humana; el hombre es la concreta situación en que se halla. El hombre no es fracción cercenada y expulsa de la situación total, sino la totalidad indivisa.

La participación del mundo en objetos externos, que la codicia del sujeto afronta, es etapa tardía en el peregrinaje de la conciencia humana. La existencia concreta precede su desmembramiento en fragmentos hostiles. Objetos y sujeto son meros artefactos de nuestra industria, órganos petrificados de la totalidad que la vida descuartiza.

Objetos y sujeto sólo son dados en el seno de una situación real; objetos y sujeto son los modos como se articula en existencia percibida la existencia concreta.

Que el hombre, en efecto, aparte de sí los objetos para encerrarse en el recinto de una subjetividad abstracta, o que, al contrario, se humille ante el universo y se conciba solamente como su reflejo, su eco, su sonora resonancia, cualquiera que sea en fin la antagónica posición que asuma, siempre sus construcciones son posteriores a la indivisa plenitud en la cual, objeto y sujeto confundidos, la existencia existe en situación concreta.

No basta, luego, decir que el hombre se halla arrojado en una situación irresoluble, que está inserto en ella, dado en ella, en ella inmerso. Es menester repetir con ahínco que el hombre es su situación, su situación total, y su situación nada más.

El irreprimible empeño humano de aislarse y excluirse, como si el hombre estuviese exilado en la barahúnda de su situación concreta, es requerimiento de la situación misma, exigencia de su naturaleza, manera en fin como la situación expresa, o evidencia, su formidable inconformidad consigo misma y su incapacidad de aceptarse como plenitud, no pudiendo, sin embargo, rechazarse como totalidad.

La aprehensión de la situación total como realidad concreta del hombre no prejuzga ningún idealismo. Aun el realista se halla compelido a admitir que todo existente le está siempre dado en situación concreta, y que no le es posible arrancar la existencia al contexto de su situación humana, cualquiera que sea el estatuto que posteriormente le conceda.

La situación del hombre no es, luego, una configuración externa de acontecimientos donde el hombre fortuitamente se halla, sino la condición misma del hombre; el hombre no es una esencia pura sometida a una impura y ajena condición, el hombre es la impureza misma de su condición humana.

El hombre es su condición, su condición quebrada y rota.

Oscilando entre la decepción y la quimera, entre la privación invencible y la posesión nugatoria, el acto humano no tiene plenitud. Lo imposible que nos seduce, nos repele; lo posible que nos espera, nos hastía. La condición del hombre es el fracaso.

El hombre es un deseo que fracasa, un anhelo que no se cumple; pero el hombre no es el ser que fortuitamente fracasa, que casualmente no logra; el hombre es el ser que no logra; ser hombre es no lograr.

La imposibilidad de cumplimiento no es atributo adventicio de una intacta esencia; la esencia es el anhelo fracasado. La condición del hombre es impotencia.

Viviéndose a sí mismo como impotencia radical, el hombre se vive a sí mismo en el tiempo, porque el tiempo es la concreta faz de la impotencia, su cuerpo sensual y perceptible.

El tiempo es la impotencia vivida; el tiempo es la traducción de la esencial impotencia del hombre en el lenguaje de la sensibilidad; el tiempo es el acto concreto de nuestra impotencia; el acto en que nuestra impotencia se conoce y se asume, no como conclusión de un raciocinio sobre la repetida evidencia del fracaso, sino como carne de la vida.

En la naturaleza del tiempo se patentiza la impotencia del hombre; y la naturaleza del hombre, a su vez, se patentiza en la impotencia del tiempo. En efecto, el tiempo es la impotencia misma. El tiempo es el lugar de la imposible posesión.

El pasado y el futuro existen sólo en el presente; y la realidad del pasado, como la realidad del futuro, son mera realidad de pasado y futuro de un presente. Ni lo que será, ni lo que fue, se asemejan a trozos de un camino inmóvil que el presente recorre como un metódico viajero. Pasado y futuro son tensiones divergentes en el cuerpo tenso del presente.

El presente es el insubstituible lugar de lo real; lo que existe sólo existe en él. Existir es estar en el presente; es ser presente. La existencia existe en un presente eterno.

El presente es la jugosa pulpa de las cosas, la morada inmoble del ser, el espacio luminoso donde residen las esencias. El presente es la existencia plena y densa; la substancia sin menguas; el acto puro del ser absorto en la colmada exaltación de su júbilo.

Pero la validez intemporal, la repetición incesante, la caza de instantes abolidos, sólo son simulacros estériles e inanes del presente en la fluidez del tiempo. En efecto, aun cuando sea su realidad y su existencia, el presente es, sin embargo, lo que el tiempo mata, lo que tiene función de matar. Mordiendo en el futuro, el tiempo incansable arroja su presente a las fauces del pasado. Aun cuando el tiempo no consiga anular al presente, porque el presente es la realidad única, lo único que existe, y que así el presente mismo necesita estar en su existencia para ahuecarse y perderse; el tiempo, sin embargo, lo mata oprimiéndolo entre el pasado y el futuro, aplastándolo en la juntura misma de dos dimensiones abstractas e irreales donde yace, espectro exangüe, como si sólo fuese la imaginaria línea ecuatorial que las divide.

Si el presente puro, en fin, es aquello que muere en el mismo instante en que nace; si nuestro presente concreto es sólo un nudo de previsiones y recuerdos; si la estameña del tiempo tiene, así, por urdimbre lo extinto, y por trama lo virtual; entonces el tiempo, en la abolición incesante del presente, cumple el acto en que la plenitud se ahueca, en que la permanencia impermanece, en que la existencia inexiste.

El tiempo es la prueba verificadora de la impotencia esencial del hombre, y la materia en que se realiza la existencia humana. Es en el tiempo que le huye donde el hombre palpa la imperfección de su esencia. Su historicidad irremediable no es la razón de su fracaso, sino su realidad y su símbolo; el hombre no fracasa porque vive en el tiempo; el hombre vive en el tiempo porque el fracaso es, al contrario, la substancia de su vida, la substancia exteriorizada, patentizada, evidenciada, como tiempo.

La plenitud, abolida con la abolición del presente, encierra la existencia humana en la negatividad de su condición. El vivir del hombre es, así, una negación permanente del instante por el instante mismo, y la plenitud de la presencia es su inalcanzable límite porque cada acto que la realiza la suprime.

Que la condición humana sea impotencia es, luego, un hecho irrefutable, mas no bastaría la mera descripción del hecho si nos fuera dado descubrir causas o razones que lo justifiquen o motiven. Pero la incongrua y discorde naturaleza de nuestra condición se impone con la tosquedad de un hecho último, y la conciencia no logra remontar, tras la estolidez del hecho, hacia una explicación que lo domeñe, porque la conciencia no es luz advenediza, extraña, ajena a la condición humana, sino la condición humana misma en su plenitud de miseria.

La conciencia, en efecto, es el modo como la existencia realiza su fracaso; el acto en que la existencia se realiza como impotencia esencial. La conciencia es estructuración de la impotencia y del fracaso. La conciencia es la existencia quebrada en condición humana. La conciencia es conciencia de la condición del hombre.

En el despertar de la conciencia empírica el acto de la conciencia absoluta se refleja en proceso, y allí lo podemos contemplar como a través de un prisma temporal y turbio.

Al torpor prenatal del existente sucede un vivir sometido a la sensibilidad más somera, donde la existencia es una alteración continua de estados totales. El individuo es un centro vibrante y transparente que cruzan y atraviesan las presencias universales. Vertida, así, y disipada en su circunstancia total, la existencia individual se endurece en conciencia cuando su actividad espasmódica rebota contra resistencias que la entorpecen y la obstruyen. El mundo es fundamentalmente lo que impide la consecución inmediata de la presa.

La meta no lograda evidencia un mundo, una ordenación hostil de presencias, una aparición de lo heterogéneo y de lo ajeno. En la substancia misma del fracaso la intención malograda plasma la plenitud adorable de su objeto. Ante la imposibilidad del hartazgo el anhelo disperso se concentra, se descubre, y elabora en esplendor codiciable el bien prohibido.

Mas el dolor no basta para evocar la conciencia.

Sin duda el individuo rechazado por el dolor que lo frena traza un recinto interno en el vasto espacio uniforme. Sin duda un mísero universo inicia ya el gesto que lo yergue ante la confusa suma de las cosas. Pero pronto el dolor ahoga en la agonía la conciencia naciente, o el equilibrio restablecido la anega nuevamente en la presencia universal.

En el tránsito sin fin de un contentamiento cabal a una inconformidad transitoria, el dolor, que arroja al individuo a la caza de un estado más conforme a su instinto, sólo enciende en la opacidad del ser una conciencia crepuscular. La conciencia plenaria sólo aparece cuando una insatisfacción indefinible emerge en el seno mismo de la concreta plenitud del acto.

La conciencia se aísla y se distingue del acto mismo que la confunde con una totalidad que la engaña, si en el preciso instante cuando el ser descansa colmado en la paz ardiente de sus anhelos satisfechos aparece un vacío interno al cumplimiento mismo, una mengua consubstancial a la intacta plenitud que degrada su pura perfección.

Para fundarse no bastó a la conciencia empírica repudiar toda identidad con el contenido universal de sus estados internos, sólo la insatisfacción que halla en sus estados más perfectos la compele a declinar toda identidad con sus estados mismos. La aparente plenitud que se revela incapaz de colmarla proclama así su diferencia, ya que la existencia sola y pura se daría todo a sí misma o sería todo. En el vacío secreto de su dicha más segura germina la conciencia.

Ser consciente es, luego, ser consciente del fracaso, de la imposibilidad final de todo empeño. La conciencia del hombre es conciencia de su impotencia, es conciencia de su condición.

Como la conciencia absoluta es el acto mismo de la condición humana, la conciencia no puede aducir razones que diluciden, o expliquen la naturaleza de fracaso de la condición del hombre y debe resignarse a postularla, con arbitrariedad idéntica y con necesidad igual a la arbitrariedad y a la necesidad con que ella, conciencia, se postula a sí misma.

La conciencia absoluta no puede ser en efecto sino postulación de sí misma, y la imposibilidad de concebir un acto que la engendre no es mera situación de hecho sino implícita necesidad de su ser.

Todos los actos posibles, como también la suma de sus posibles relaciones, son interiores a la conciencia. Aun la exterioridad pura es artificio de la conciencia astuciosamente presente en el rigor con que elabora su ausencia. Entre la conciencia y cualquier acto posible no puede existir relación distinta a la de tenerlo por objeto; las otras relaciones sólo caben entre objetos de la conciencia misma. Todo intento de transformar una de las relaciones entre objetos en relación entre un objeto y la conciencia, es empresa anticipadamente fracasada y radicalmente imposible. La conciencia no puede concebirse a sí misma como un objeto en su universo, y por lo tanto no es posible encontrar explicación a la conciencia, ni repudiar su postulación absoluta.

Si la conciencia obligadamente se intercala entre términos de series temporales, la colocación a que se somete no es una explicación, ni una causa, sino un hecho contingente y bruto. Pero aun para establecer la mera relación de anterioridad y posterioridad con los términos que la preceden y la siguen, la conciencia tiene que exteriorizarse a sí misma simbolizándose en una configuración material; y aun cuando logre así insertarse entre las cosas, en ningún momento consigue coincidir con su símbolo, ya que el solo gesto de pensarlo lo rebaja a la condición de objeto interno a su acto impertérrito.

Situada en la serie temporal la conciencia perdura intacta, irrestricta, irredimida. Bloque opaco y duro en la continuidad del tiempo y en medio del encadenamiento de las cosas, ningún artificio dialéctico logra resolver la contradicción inherente a la colocación del sujeto por sí mismo en medio de sus propios objetos. Obligada a vivirse como tiempo, la conciencia tiene que situarse en él, pero ni siquiera la necesidad que la identifica al tiempo puede lograr que las razones y las causas con las cuales la conciencia ordena al mundo, la ordenen a ella misma y la expliquen. Entre la visión del mundo que la conciencia elabora desde su propio centro y la visión que construye omitiendo la referencia convergente de todos los objetos a sí misma, para establecerlos sólo en sus relaciones recíprocas, no hay correspondencia ninguna, ni traducción posible de un sistema en el otro. Allí donde la conciencia omite su referencia central, sólo subsiste como símbolo abstracto e irritante que ella misma, sin descanso y sin éxito, intenta reemplazar con la mera resultante de procesos objetivos; y allí donde la conciencia se instala en su referencia central, la totalidad de las cosas aparece como una suma de rebeldías que la conciencia determina pero no subyuga.

No pudiendo, así, trascenderse a sí misma, ni explicarse, la conciencia tampoco puede explicar y trascender la concreta condición humana. La conciencia es conciencia de esa condición, y la viciada, quebrada, y rota condición del hombre es un hecho último que debemos asumir, pero que no logramos comprender.

La conciencia, sin embargo, ubicada en su absurda condición, y precisamente por ser conciencia de su condición absurda, no se puede contentar con ceder pasivamente a las presiones que la empujan o a las metas que la atraen, sino tiene ante todo que adquirir conciencia de su condición, conciencia de sí misma en su condición determinada.

La conciencia que de sí misma asume la conciencia como condición no se manifiesta en un acto permanente de conciencia, sino en una postura ante sí misma. La conciencia de sí de la conciencia no es un estado de conocimiento abstracto, de estático reflejo de sí misma. Al adquirir conciencia de sí, la conciencia se conoce como condición, como situación, como acto susceptible de aceptación o de rechazo, pero no de abstención. Abstenerse es rechazar, y abstenerse de rechazar es aceptar. La aceptación y el rechazo, como posturas básicas de la conciencia ante su condición, no son meras actitudes intermitentes, sino estructuras permanentes de la conciencia individual.

Es en la aceptación o en el rechazo que la estructura de la conciencia se articula; y es en función de esta estructura que la conciencia aprehende, siente, percibe, piensa, elige, y excluye. Ni su noción de sí misma, ni su imagen del mundo, ni sus múltiples opciones, son independientes de la estructura predeterminante y soberana. La estructura es un a priori concreto de cada ser humano.

Ni la aceptación, ni el rechazo de la condición humana son gestos limitados y escuetos: el mero rechazo sería un suicidio instantáneo, y la mera aceptación una animalización inmediata. Precisamente porque su condición es absurda, la conciencia tiende a desatar y a disolver su absurdidad, y así la opción que su condición plantea a la conciencia implica una justificación simultánea.

No pudiendo descansar en la condición, la conciencia opta; y no pudiendo descansar en la absurdidad, la conciencia justifica. Aceptación o rechazo implican ambos una referencia a un principio justificativo de la condición del hombre.

La aceptación y el rechazo se elaboran y se cumplen en el proceso dialéctico a que la conciencia somete su urgencia justificadora.

La conciencia que acepta su condición humana, la acepta necesariamente como condición absurda, y no puede rechazar la absurdidad esencial sin rechazar simultáneamente la condición misma. No pudiendo, así, rechazar el absurdo inherente que requiere justificación, la conciencia que acepta tiene que situar el principio justificativo fuera de toda condición, como una instancia trascendente. A esa instancia la conciencia refiere la condición total, pero la trascendencia del principio justificativo exige que la conciencia no espere contemplar su realización, o realizarlo ella misma, en el seno de la condición humana, en el tiempo, en la historia.

La realización del principio implica la abolición de la condición del hombre. Para la conciencia que acepta su condición, el hombre no puede ser redimido sino fuera de toda condición imaginable.

Inversamente, la conciencia que rechaza su condición humana, no pudiendo rechazar la totalidad de la condición sin suicidarse, sólo rechaza su absurdidad. La conciencia que rechaza cree posible separar de su esencia propia su condición humana, como si su esencia fuese una conciencia abstracta y pura caída en una condición absurda, y como si su condición fuese una situación abstracta y fortuita. La conciencia que rechaza se aísla, así, abstractamente de su condición total, olvidando que su condición es la conciencia misma y creyendo que rechazar la condición humana es sólo rechazar una adventicia situación en que el hombre se halla. Al dividir la condición humana en conciencia pura y situación fortuita, la conciencia que rechaza imagina que le es posible existir en situaciones diversas, y como la absurdidad de su condición le parece así depender de una situación que le es exterior y extraña, la conciencia que rechaza cree que basta alterar la situación para modificar y transformar la condición humana.

La conciencia que rechaza sitúa, pues, el principio justificativo en el seno de la condición misma, como una instancia inmanente. Para la conciencia que rechaza, el principio justificativo es inmanencia pura, y el hombre sólo puede ser redimido dentro de su condición misma.

La instancia inmanente es usualmente concebida como una condición natural del hombre. A esa condición natural la conciencia refiere su absurda, ambigua, e incoherente condición positiva. Así de la condición individual alterada la conciencia que rechaza apela a una intacta condición, y confía en una redención futura, cuando la condición auténtica del hombre se libere de la intromisión de esas causas accidentales que entorpecen su manifestación concreta.

Evidentemente la conciencia que rechaza vive sumida en la incurable obsesión de la historia. La historia es simultáneamente el lugar de su infortunio actual y de su bienaventuranza hipotética. Pero si la historia es la categoría única de la conciencia que rechaza, el conocimiento de la historia es eminentemente opaco, vedado, prohibido a esa conciencia.

En efecto, la historia es lo que acontece, la realidad total en su plenitud de acontecimiento. La historia es la condición humana en su positividad irreductible, y por tanto toda conciencia que se inclina apasionadamente sobre ella para compararla al paradigma intemporal de una condición natural del hombre o para acechar en el pasado el esquema de una futura perfección imaginaria, necesariamente la mutila y la trunca.

Pero el conocimiento de la historia no es la sola víctima de la conciencia que rechaza.

Su víctima preferida, su víctima predilecta, es la historia misma, la historia que vivimos, la carne temporal del hombre. Todos los que apelan a una condición natural del hombre, para acusar la condición positiva que la encubre y disimula, se sublevan contra la tenacidad irritante de nuestra miseria.

Arrebatados por el noble empeño de restituir al hombre su dignidad perdida, la tosca realidad cotidiana los ofende y el insolente desdén de la existencia los humilla. Ávidos de promesas y de augurios, su vehemencia infringe las quietas leyes de la vida. El suelo en que se apoyan les parece el perverso estorbo de sus sueños. El delirio de una perfección absoluta y terrestre los empuja a irascibles rebeldías. La ambigüedad irreverente de la vida desata la ferocidad de su corazón pueril y compasivo. Incapaces de proceder con desconfianza precavida, con irónica paciencia, consideran la corrupción del mundo intolerable y fortuita. Afanosos, así, de transformarlo para devolverle su hipotético esplendor primero, sólo consiguen derrumbar el frágil edificio que la paciencia sometida de otros hombres labró algún día en la estéril substancia de la condición humana.

A los hombres que destruyen impelidos por el ciego afán de crear, otros hombres oponen la compasión y el desprecio de un pesimismo viril. Éstos son los hombres cuya conciencia acepta su condición humana, y que acatan, orgullosos y duros, las innaturales exigencias de la vida. Estos hombres comprenden que la enfermedad de la condición humana es la condición humana misma, y que por lo tanto sólo pueden anhelar la mayor perfección compatible con la viciada esencia del universo. Una inquieta ironía conduce sus pasos cautelosos a través de la torpe y áspera insuficiencia del mundo.

Como nada esperan de la indiferencia de las cosas, la más leve delicia conmueve su corazón agradecido. Como no confían en la espontánea y blanda bondad del universo, la fragilidad de lo bello, la endeblez de lo grande, la fugacidad atroz de todo esplendor terrestre, despiertan en sus almas el respeto más atento, la reverencia más solemne.

Toda la astucia de su inteligencia, toda la austera agudeza de su espíritu, apenas bastan para ensayar de proteger y de salvar las semillas esparcidas.

La incineración no fue invento de vagos higienistas paleolíticos.

En la primera noche iluminada por el fuego de una hoguera funeraria, rostros convulsos esperaron el resultado de una decisión atroz y meditada. La opresora presencia de los muertos exigía nuevos ritos. Urgía oponer a la insaciable muchedumbre el obstáculo eficaz de una insólita liturgia.

Sepultado en la tierra impasible, el cadáver lentamente corroído ataba al mundo de los vivos la sombra exilada y vengativa. No bastaba oprimir con el peso de las piedras la funérea fosa. No bastaba desmembrar previamente el cuerpo insepulto.

El fuego, que abandona cenizas indistintas, consumió los despojos que servían de místico canal al espíritu ululante. El hombre obturó la puerta de recintos infernales. El hombre intentaba escapar a la persecución de los muertos.

Pero esa empresa de profilaxis mágica iniciaba ritos más augustos. Ante un cenotafio venerado una teoría sacerdotal reemplazó la procesión de plañideras que acompañaba las urnas sepulcrales. Ese fuego protector de los vivos, que una violencia sacramental enciende, perdió sus funciones de barrera flamígera, para trocarse en el vehículo litúrgico que transporta al espíritu errante y gemebundo hacia comarcas sagradas. Sobre el altar del sacrificio víctimas propiciatorias esperaron su misterioso ascenso. El fuego sacro fue instrumento de transmutación divina.

El hombre moderno reincide en empresa semejante a la de aquellos primitivos asustados, pero no le basta asegurar la impotencia de los muertos. Mas implacablemente sometido a una muerte que demarca con su tajo vertical e inexorable el solo vivir que se concede, su táctica defensiva alcanza extremos de aplicación y de astucia.

Desdeñados los inmemoriales usos que desbravaban al intruso que invadió nuestra carne inmortal; despreciados los antiguos remedios que mitigaban la rebeldía de nuestra esencia ante su yerto huésped, el hombre moderno no practica ni la resignación orgullosa a la necesidad que lo avasalla, ni el acatamiento de esa voluntad a cuyo supuesto capricho accede una jubilosa insurrección de nuestro ser. Su manera sutil de protegerse consiste en el intento de suprimir el escándalo de la muerte.

El hombre archiva las imprecaciones milenarias y procede fríamente a cegar esas grietas por donde se infiltra la angustia. El hombre sumerge al hombre en el mar de la existencia animal y disuelve la contextura nudosa de la vida en la indiferencia de la materia.

Todo estremecimiento ante la muerte no parece ya sino flaqueza de mentalidades reacias a admitir la naturalidad causal de todo acontecimiento cualquiera. Como cosa natural, como resultado bruto de la plácida neutralidad de constantes universales, como acto sumado a la serie uniformemente continua de los actos, la muerte es sólo uno de los fenómenos de la existencia biológica. La muerte es sólo un estado del cuerpo. Toda configuración biológica la reconoce por conclusión normal. La muerte es una función de la vida.

Una meditación solitaria no es ya el lugar propio de su estudio; conviene considerarla en tablas de estadística donde diversos coeficientes agotan sus significados posibles.

Naturalizada la muerte y allanado el escándalo, su importancia no difiere de la de cualquier otro factor del costo social, y debe computarse con el desgaste de máquinas y la desvolarización de edificios.

La vida merece la solicitud del estado que cuida de sus instalaciones industriales; pero así como ante un motor obsoleto toda emoción es artificio, todo rito mortuorio se transforma en aséptica tarea. La ciudad elimina sus cadáveres, con las demás basuras, en lugares higiénicamente escogidos.

La magna empresa de abolir el escándalo de la muerte y de entregar una tierra eximida de terrores a un hombre instalado en su condición humana, no se ha cumplido aún con satisfactoria plenitud. Viejos resabios religiosos frenan todavía la exacta aplicación del cálculo social. Pero ya sabemos que bastarán pocos años para que la humanidad, familiarizada con la doctrina que suprime el escándalo, proceda a realizar sus propósitos con más estricta coherencia.

Al anciano prisionero que dialoga en la mañana luminosa y fúnebre, a la nocturna angustia de sudor y de sangre, el orgullo moderno mostrará grupos sumidos en pavura y espanto que las ametralladoras, en hilera, encauzan hacia los hornos crematorios.

Entre el nacimiento de Dios y su muerte se desarrolla la historia del hombre.

La humanidad ensambla con la espesa animalidad que la precede y el acto humano se acompaña de un gesto animal que lo anticipa: himenópteros humillan nuestras ambiciosas burocracias, la astucia de un felino avergüenza estrategas, un gorila enjaulado resuelve problemas de mecánica práctica.

Pero el antropoide carnívoro, que se prepara a erguir un torso burdo sobre piernas combas, no abandona su arbórea morada porque catástrofes geológicas o rebeldías genéticas lo constriñen a un ingenioso vivir donde su humanidad despierta. La aparición del hombre supone la renitencia de un organismo a su recta actividad animal.

Una experiencia insólita arrancó vagos lemuroides al torpor placentero de la sumisión al instinto.

Si las causas que diversifican las grandes familias animales explicaran la aparición del hombre, la especie humana diferiría de otras especies como difieren éstas entre sí; pero el hombre patentiza contra la agresiva penumbra animal de su ser una diferencia irreductible. La presencia del hombre rompe la continuidad biológica. Escondidas escolleras tuercen el homogéneo flujo de la vida. La suma de las contestaciones animales al universo circundante se corona con una interrogación angustiada.

La evidente diferencia no es invención de nuestra vanidad, redactando en cuerpo autónomo una ciencia antropológica que sería mero capítulo postrero de un manual de zoología; la sola existencia de una zoología es la confirmación de la diferencia, y su prueba.

Pero lo que distingue al hombre no es el arma que talla o el fuego que enciende. El empleo astucioso de objetos materiales complica, sin alterar, viejos empeños animales. Entre los selacios, un priste o un torpedo anexan electricidad o mecánica a sus reflejos defensivos. Por lo demás, basta el protozoario más humilde para ilustrar cómo toda estructura orgánica es transitoria solución formal al problema que a sí misma se plantea la ávida tenacidad de la vida.

Sin duda la riqueza de sus circunvoluciones encefálicas facilitaba al hombre, con un más amplio repertorio de gestos, un más seguro dominio de su universo inmediato; pero ni la victoria de los grandes saurios secundarios, ni los monstruosos hormigueros de las selvas tropicales, prefiguran los anhelos colmados de nuestro ser inconforme.

Aun cuando el hecho de que sus herramientas de dominio no sean meras excrecencias de su carne haya concedido al hombre la utilización de materias infinitas, el ejercicio de una inteligencia escuetamente ceñida a sus funciones primigenias no hubiera impetrado de una tierra indiferente una existencia menos mísera que la del ser que abrigaron las grutas de Tcheu-k'eu-tien. Aun el hombre robustamente adaptado a su ámbito ecológico sólo repetiría rutinas familiares a un paleontólogo bisoño. En las técnicas empíricas cristalizan gestos orgánicos.

La inteligencia prolonga potencias biológicas, y sólo traspasa la frontera del recinto animal cuando presencias axiológicas desquilatan sus metas naturales y la someten a esa noble servidumbre donde la razón se engendra.

Los animales ingeniosos y triunfantes no son los auténticos precursores del hombre, sino los perros que aúllan a las sombras.

El hombre aparece cuando al terror, que invade toda vida ante la incertidumbre o la amenaza, se substituye el horror sagrado. Una inexplicable ruptura en la homogénea substancia de las cosas revela una presencia ajena al mundo y distinta de las presencias terrestres. El hombre es un animal posesor de una insólita evidencia.

Ni su organización física, ni su constitución mental, distinguen al hombre de sus genitores animales. Sus modificaciones estructurales, sus atributos inéditos, sus particularidades nuevas, no alteran sus características zoológicas, ni varían su pertenencia taxonómica. No lo aísla de la serie animal, para crearlo en su calidad de hombre, una mera acumulación de rasgos animales, en cuya totalización repentina, emergiera su ordenación humana. Aquí no asistimos a la realización de una virtualidad inmanente y necesaria, ni contemplamos una conformación casual de comportamientos anteriores. Pero tampoco una ajena, extraña, y heterogénea potencia se suma a las potencias animales. El aparato mental del hombre no difiere del aparato mental del homínida. El hombre es un animal que la percepción, misteriosamente concedida, de un nuevo objeto coloca en un universo bruscamente invadido por una presencia que lo agrieta.

En el silencio de los bosques, en el murmullo de una fuente, en la erguida soledad de un árbol, en la extravagancia de un peñasco, el hombre descubre la presencia de una interrogación que lo confunde.

Dios nace en el misterio de las cosas.

Esa percepción de lo sagrado, que despierta terror, veneración, amor, es el acto que crea al hombre, es el acto en que la razón germina, el acto en que el alma se afirma.

El hombre aparece cuando Dios nace, en el momento en que nace, y porque Dios ha nacido.

El Dios que nace no es la deidad que una teología erudita elabora en la substancia de experiencias religiosas milenarias. Es un Dios personal e impersonal, inmediato y lejano, inmanente y trascendente; indistinto como el viento de las ramas. Es una presencia oscura y luminosa, terrible y favorable, amigable y hostil; satánica penumbra en que madura una espiga divina.

Una luminosidad extraña impregna la íntima substancia de las cosas. Las piedras sagradas señalan la carne sensual del mundo. Detrás del universo inerte se revela su auténtica esencia de horror, de majestad, de esplendor y de peligro. En ese universo húmedo de un rocío sagrado que chorrea sobre las superficies, penetra en las ranuras, y llena la concavidad de los objetos, urge asumir actitudes que organizan el comportamiento humano ante las nuevas evidencias.

Nada más equívoco, así, que imaginar al hombre afrontando solamente las amenazas del ámbito inmediato que lo encierra. La ambigüedad del universo le planteó más insólitos enigmas.

Si el hambre, el frío, o el golpe vertical de una zarpa, lo despertaban de su natural inercia, no es tanto para multiplicar los productos de su caza o la libertad de sus campos, ni tampoco para aplacar un cielo inclemente, ni aun para afianzar una solidaridad que lo defiende, que el hombre inventa ritos, templos, mitos, instituciones, y éticas.

Más allá de ese mundo, cuya crueldad conoce y que su inteligencia lentamente subyuga, no se eleva la bóveda cerrada de una pura oquedad donde naufraga su ignorancia. El horizonte total de su acomodación biológica no es una vacuidad incógnita que su inteligencia, sometida a terrestres tareas, puebla con celestes faunas. Aquellas construcciones de su espíritu, que exceden sus evidencias materiales, no son las pálidas proyecciones de su interés o de su angustia sobre la muelle blancura de las nubes.

Detrás del esquemático universo que sus actos elaboran, interrogaciones más urgentes que las que inquietan su carne acechan sin compasión sus vigilias y sus sueños. El hombre ha descubierto un mundo que el gesto del labriego, del artesano, o del guerrero, no somete; un mundo que no conquista sino que lo conquista; un mundo a cuya interrogación solamente responde, si calla; y en el que impera, quien se inclina y se postra.

En la naturaleza; en su alma misma; y en ese más allá que yace tanto en el más íntimo corazón de cada cosa, como en los más remotos confines de los más lejanos horizontes, el hombre desenmascara la impasible presencia de una realidad rebelde a su violencia y compasiva sólo a la paciencia de su espíritu.

El hombre nació allí, el hombre disímil del animal que lo engendra, el hombre víctima sacrificada a un destino más augusto.

La elaboración tenaz de su experiencia religiosa ha sido la empresa milenaria del hombre.

Tarea nunca concluida y aparentemente susceptible de infinitas soluciones, pero tarea que nos somete a implacables e impertérritas normas. Todas las altas afirmaciones del hombre convergen hacia un arcano centro.

Toda grandeza es secretamente fraternal.

La experiencia religiosa es la matriz de las constataciones axiológicas. En los duros y opacos bloques de evidencia que les entrega la experiencia religiosa, estética, ética, y lógica labra sus afirmaciones perentorias.

A la luz de esas exigencias de su razón el hombre lentamente procede a la postrera creación del mundo. El recinto limitado que trazaban sus apetitos materiales se ensancha y se transforma en el universo que la verdad explica, el bien ordena, y la belleza ilumina.

Verdad, que sólo cumple sus propósitos al realizar una coherencia interna que refleja la inmutabilidad divina. Toda proposición, toda ley, como todo gesto y todo paso, son fe en un atributo de Dios. Ni el principio de contradicción, ni el principio de causalidad, ni ese principio de uniformidad que más hondamente los soporta, pueden separarse de la raíz axiológica que los ata al terruño mismo de la divinidad. Todo empirismo científico es alboroto de ave que anhela volar en el vacío.

Bien, a que sólo obedecemos porque una irresistible exigencia nos subyuga. Bien que impera sobre la rebeldía de nuestro ser; y desprovisto de amenazas, carente de sanciones, inerme y soberano, erige en la intimidad de la conciencia una obligación absoluta que ordena sin promesas y exige sin premios. Bien que las necesidades de vivir no explican, porque entorpece la vida; y que la sociedad no construye, porque ninguna soledad nos exime de acatarlo.

Belleza, en fin, que es aparición momentánea de un objeto liberado de las servidumbres de nuestra propia vida y que, en el fugaz silencio de nuestro espíritu absorto en una contemplación desinteresada, revela su esencia autónoma, es decir, su manera de existir en lo absoluto. Efímera experiencia que el arte inmoviliza, y levanta en simulacro de estela conmemoratoria del itinerario divino del hombre.

Que pueda Dios morir no es, luego, una vana amenaza. El hombre puede perder lo que había recibido. Un hombre eterno en un mundo inmóvil garantizaría sólo la permanencia de Dios. Pero el hombre surgido en las lontananzas pliocenas puede sumergirse en el vasto océano animal. Sólo lo separa de la bestia tenebrosa la frágil evidencia que su orgullo olvida.

¿No vacila ya la estructura incomparable que erigió su paciencia atenta y sometida? Su espíritu sospecha un capricho irreductible en el corazón de las cosas e intenta velar su fracaso con un ademán que rechaza, como vanas, las certidumbres mismas que anhela.

Recorre con voracidad la tierra para amontonar en cámaras mortuorias los nobles despojos de sus sueños, e imagina fecundar su esterilidad con el vigor de estirpes sepultadas.

Desorbitado, en fin, perdido, ebrio, las empresas que inventa su soberbia culminan en sangrientas hecatombes; y si humillado inclina hacia la placidez de ocupaciones subalternas, una vida mezquina, baja y vil, lo sofoca en su tedio.

Las cicatrices de su industria sobre un suelo paciente insultan la belleza de la tierra, pero su necia temeridad se vanagloria de todo lo que hiere y mutila sus victorias inermes. Sus empresas coronadas lo hinchan de ventoso orgullo, y su incauta osadía cree haber asegurado la promesa de ascensos infinitos porque una lábil luz golpeó su frente. Confiado en hipotéticos derechos desdeña los viejos instrumentos de su triunfo; y avergonzado por la servidumbre en que germina la virilidad de su espíritu, cercena, como lazos que lo ataran, los secretos canales de su savia.

El hombre morirá, si Dios ha muerto, porque el hombre no es más que el opaco esplendor de su reflejo, no es más que su abyecta y noble semejanza.

Un animal astuto e ingenioso sucederá, tal vez, mañana al hombre. Cuando se derrumben sus yertos edificios, la bestia satisfecha se internará en la penumbra primitiva, donde sus pasos, confundidos con otros pasos silenciosos, huirán de nuevo ante el ruido de hambres milenarias.

ὁμοούσιοι τῇ ἀγεννήτῳ φύσει
Heracleon
(In Orig. «Com. in Eu. Io.»)

Indiferente a la originalidad de mis ideas, pero celoso de su coherencia, intento trazar aquí un esquema que ordene, con la menor arbitrariedad posible, algunos temas dispersos, y ajenos. Amanuense de siglos, sólo compongo un centón reaccionario.
Si un propósito didáctico me orientara, habría escuchado sin provecho la dura voz reaccionaria. Su escéptica confianza en la razón nos disuade tanto de las aseveraciones enfáticas, como de las impertinencias pedagógicas. Para el pensamiento reaccionario, la verdad no es objeto que una mano entregue a otra mano, sino conclusión de un proceso que ninguna impaciencia precipita. La enseñanza reaccionaria no es exposición dialéctica del universo, sino diálogo entre amigos, llamamiento de una libertad despierta a una libertad adormecida.

Demasiado consciente de fundarse sobre evidencias circunscritas, sobre raciocinios cuya validez se confina en determinados universos de discurso, sobre un cauteloso acecho a la novedad de la vida, el pensamiento reaccionario teme la postiza simetría de los conceptos, los automatismos de la lógica, la fascinación de las simplificaciones ligeras, la falacia de nuestro anhelo de unidad.

Estas páginas sistemáticas no descuidan sus preceptos. Para un pensamiento precavido, los sistemas no degeneran en retórica de ideas. Lejos de paralizarnos en una complacencia dogmática, los sistemas nos obligan a una creciente perspicacia. Ante el sistema, donde se objetiva y se plasma, el pensamiento se asume. Su espontaneidad ciega se muda en conciencia de sus postulados, de su estructura, y de sus fines. Cada sistema sucesivo viola sucesivas inocencias. Cada sistema restaura una meditación que nos libera.

Este parcial intento es artificio de un pensamiento reaccionario. Morada pasajera de un huésped obstinado. No inicio catequización alguna ni ofrezco recetarios prácticos. Ambiciono, tan sólo, trazar una curva límpida.

Tarea ociosa. Lucidez estéril. Pero los textos reaccionarios no son más que estelas conminatorias entre escombros.

El diálogo entre democracias burguesas y democracias populares carece de interés, aun cuando no carezca de vehemencia, ni de armas.

Tanto capitalismo y comunismo, como sus formas híbridas, vergonzantes, o larvadas, tienden, por caminos distintos, hacia una meta semejante. Sus partidarios proponen técnicas disímiles, pero acatan los mismos valores. Las soluciones los dividen; las ambiciones los hermanan. Métodos rivales para la consecución de un fin idéntico. Maquinarias diversas al servicio de igual empeño.

Los ideólogos del capitalismo no rechazan el ideal comunista; el comunismo no censura el ideal burgués. Al investigar la realidad social del concurrente, para denunciar sus vicios, o disputar la identificación exacta de sus hechos, ambos juzgan con criterio análogo. Si el comunismo señala las contradicciones económicas, la alienación del hombre, la libertad abstracta, la igualdad legal, de las sociedades burguesas; el capitalismo subraya, paralelamente, la impericia de la economía, la absorción totalitaria del individuo, la esclavitud política, el restablecimiento de la desigualdad real, en las sociedades comunistas. Ambos aplican un mismo sistema de normas, y su litigio se limita a debatir la función de determinadas estructuras jurídicas. Para el uno, la propiedad privada es estorbo, para el otro, estímulo; pero ambos coinciden en la definición del bien que la propiedad estorba, o estimula.

Aunque insistan ambos sobre la abundancia de bienes materiales que resultará de su triunfo, y aun cuando sean ambos augurios de hartazgo, tanto la miseria que denuncian, como la riqueza que encomian, sólo son las más obvias especies de lo que rechazan o ambicionan. Sus tesis económicas son vehículo de aspiraciones fabulosas.

Ideologías burguesas e ideologías del proletariado son, en distintos momentos, y para distintas clases sociales, portaestandartes rivales de una misma esperanza. Todas se proclaman voz impersonal de la misma promesa. El capitalismo no se estima ideología burguesa, sino construcción de la razón humana; el comunismo no se declara ideología de clase, sino que afirma que el proletariado es delegado único de la humanidad. Si el comunismo denuncia la estafa burguesa, y el capitalismo el engaño comunista, ambos son mutantes históricos del principio democrático, ambos ansían una sociedad donde el hombre se halle, en fin, señor de su destino.

Rescatar al hombre de la avaricia de la tierra, de las lacras de su sangre, de las servidumbres sociales, es su común propósito. La democracia espera la redención del hombre, y reivindica para el hombre la función redentora.

Vencer nuestro atroz infortunio es el más natural anhelo del hombre, pero sería irrisorio que el animal menesteroso, a quien todo oprime y amenaza, confiara en su sola inteligencia para sojuzgar la majestad del universo, si no se atribuyese una dignidad mayor, y un origen más alto. La democracia no es procedimiento electoral, como lo imaginan católicos cándidos; ni régimen político, como lo pensó la burguesía hegemónica del siglo XIX; ni estructura social, como lo enseña la doctrina norteamericana; ni organización económica, como lo exige la tesis comunista.

Quienes presenciaron la violencia irreligiosa de las convulsiones democráticas, creyeron observar una sublevación profana contra la alienación sagrada. Aun cuando la animosidad popular sólo estalle esporádicamente en tumultos feroces o burlescos, una crítica sañuda del fenómeno religioso, y un laicismo militante, acompañan, sorda y subrepticiamente, la historia democrática. Sus propósitos explícitos parecen subordinarse a una voluntad más honda, a veces oculta, a veces pública, callada a veces, a veces estridente, de secularizar la sociedad y el mundo. Su fervor irreligioso, y su recato laico, proyectan limpiar las almas de todo excremento místico.

Sin embargo, otros observadores de sus instantes críticos, o de sus formas extremas, han repetidamente señalado su coloración religiosa. El dogmatismo de sus doctrinas, su propagación infecciosa, la consagración fanática que inspira, la confianza febril que despierta, han sugerido paralelos inquietantes. La sociología de las revoluciones democráticas resucita categorías elaboradas por la historia de las religiones: profeta, misión, secta. Metáforas curiosamente necesarias.

El aspecto religioso del fenómeno democrático suele explicarse de dos maneras distintas: para la sociología burguesa, las semejanzas resultan del sacudimiento que tumultos sociales propagan en los estratos emotivos en donde estiman que la religión se origina; para la sociología comunista, la similitud confirma el carácter social de las actitudes religiosas. Allí toda emoción intensa asume formas religiosas; aquí toda religión es disfraz de fines sociales.

La sociología burguesa no alcanza la penetración de las tesis marxistas. Las vagas genealogías con que se satisface no se comparan a la identificación precisa que el marxismo define. El rigor del sistema marxista lo precave de equívocos; espejo de la verdad, podría decirse que basta invertirlo, para no errar. Las filosofías de la historia, más que síntesis ambiciosas, son herramientas del conocimiento histórico. Cada filosofía se propone definir la relación entre el hombre y sus actos.

El problema de la filosofía de la historia es de una generalidad absoluta, porque todo objeto de la conciencia es acto, anteriormente a la definición de su estatuto metafísico, que es acto también. La manera de definir la relación entre el hombre y sus actos determina toda explicación del universo.

Las definiciones filosóficas de la relación concreta son teorías de la motivación humana. Las teorías interrogan los hechos para despertarlos de su inercia insignificativa, y penetran, como nexos inteligibles, en su masa amorfa. Ninguna teoría es falsa, porque la relación concreta es estructura compleja y rica; pero cada una, aisladamente, sacrifica la espesa trama histórica a una ordenación arbitraria y descarnada. Para evitar falsificaciones patentes, el historiador emplea, simultánea o sucesivamente, las diversas teorías propuestas: urgencia del instinto, determinación étnica, condicionamiento geográfico, necesidad económica, progresión intelectual, propósito axiológico, resolución caprichosa; pero aun si el tacto de la imaginación lo protege de las torpezas sistemáticas, la incoherencia de su procedimiento lo limita a una yuxtaposición casual de factores. Las diversas teorías no forman sendos sistemas cerrados, ni su agrupación accidental sobrepasa aciertos esporádicos y fortuitos.

Toda situación histórica encierra la totalidad de motivaciones posibles, con una predominancia alternada, y las concretas configuraciones de motivos dependen de un principio general que las ordena. A cualquier tipo de motivación a que preferencialmente pertenezca, y en cualquier configuración en donde se sitúe, todo acto cualquiera se halla orientado por una opción religiosa previa.

Tanto los encadenamientos lineales de actos de igual especie, como los vínculos entre agrupaciones de actos heterogéneos, son función de su campo religioso. El individuo ignora usualmente la opción primigenia que lo determina; pero el rumbo de sus instintos, la preeminencia de tal o cual carácter étnico, la prevalencia de diversas influencias geográficas, la vigencia de determinada necesidad económica, la preponderancia de ciertas conclusiones especulativas, la validez de unos u otros fines, la primacía de voliciones distintas, son efectos de una opción radical ante el ser, de una postura básica ante Dios.

Todo acto se inscribe en una multitud simultánea de contextos; pero un contexto unívoco, inmoto, y último, los circunscribe a todos. Una noción de Dios, explícita o tácita, es el contexto final que los ordena.

La relación entre el hombre y sus actos es una relación mediatizada. La relación entre el hombre y sus actos es relación entre definiciones de Dios y actos del hombre. El individuo histórico es su opción religiosa.

Ninguna situación concreta es analizable, sin residuos, o dilucidable, coherentemente, mientras no se determine el tipo de fallo teológico que la estructura. El análisis religioso, que permite dibujar las articulaciones de la historia, la disposición interna de los hechos, y el orden auténtico de la persona, es de carácter empírico, y no presupone, ni para definirlo, ni para aplicarlo, una fe cualquiera. Sin presumir la objetividad de la experiencia religiosa, constatando, tan sólo, su realidad fenomenal, el análisis la asume, metódicamente, como factor determinante de toda condición concreta.

Sólo el análisis religioso, al sondar un hecho democrático cualquiera, nos esclarece la naturaleza del fenómeno, y nos permite atribuir a la democracia su dimensión exacta. Procediendo de distinta manera, nunca logramos establecer su definición genética, ni mostrar la coherencia de sus formas, ni relatar su historia.

La democracia es una religión antropoteísta. Su principio es una opción de carácter religioso, un acto por el cual el hombre asume al hombre como Dios.

Su doctrina es una teología del hombre-dios; su práctica es la realización del principio en comportamientos, en instituciones, y en obras.

La divinidad que la democracia atribuye al hombre no es figura de retórica, imagen poética, hipérbole inocente, en fin, sino definición teológica estricta. La democracia nos proclama con elocuencia, y usando de un léxico vago, la eminente dignidad del hombre, la nobleza de su destino o de su origen, su predominio intelectual sobre el universo de la materia y del instinto. La antropología democrática trata de un ser a quien convienen los atributos clásicos de Dios.

Las religiones antropoteístas forman un grupo homogéneo de actitudes religiosas, que no es lícito confundir con las teologías panteístas. El dios del panteísmo es el universo mismo como vuelo de un gran pájaro celeste; para el antropoteísmo, el universo es estorbo o herramienta del dios humano.

El antropoteísmo, ante la miseria actual de nuestra condición, define la divinidad del hombre como una realidad pasada, o como una realidad futura. En su presente de infortunio, el hombre es un dios caído, o un dios naciente. El antropoteísmo plantea un primer dilema al dios bifronte.

Las cosmogonías órficas y las sectas gnósticas son antropoteísmos retrospectivos, la moderna religión democrática es antropoteísmo futurista. Aquéllas son doctrina de una catástrofe cósmica, de un dios desmembrado, de una luz cautiva; ésta es doctrina de una teogonía dolorosa.

El antropoteísmo retrospectivo es un dualismo sombrío; el antropoteísmo futurista, un monismo jubiloso. La doctrina dualista enseña la absorción del hombre en la materia prava, y el retorno penoso a su esplendor pretérito; la doctrina monista anuncia la germinación de su gloria. Dios prisionero en la torpe inercia de su carne, o dios que la materia levanta como su grito de victoria. El hombre es vestigio de su condición perdida, o arcilla de su condición futura.

Antropoteísmos dualistas y antropoteísmo monista son anomismos éticos. Ambos se compactan en secta de elegidos. Ambos son insurrecciones metafísicas.

La doctrina democrática es una superestructura ideológica, pacientemente adaptada a sus postulados religiosos. Su antropología tendenciosa se prolonga en apologética militante. Si la una define al hombre de manera compatible con su divinidad postulada; la otra, para corroborar el mito, define al universo de manera compatible con esa artificiosa definición del hombre. La doctrina no tiene finalidad especulativa. Toda tesis democrática es argumento de litigante, y no veredicto de juez.

Una breve definición mueve su máquina doctrinal.

Con el fin de cumplir su propósito teológico, la antropología democrática define al hombre como voluntad.

Para que el hombre sea dios, es forzoso atribuirle la voluntad como esencia, reconocer en la voluntad el principio, y la materia misma de su ser. La voluntad esencial, en efecto, es suficiencia pura. La voluntad esencial es atributo tautológico de la autonomía absoluta. Si la esencia de un ser no es su voluntad, el ser no es causa de sí mismo, sino efecto del ser que determina su esencia. Si la esencia humana excede la voluntad del hombre, ese excedente lo sujeta a una voluntad externa. El hombre democrático no tiene naturaleza, sino historia: voluntad inviolable que su aventura terrestre disfraza, pero no altera.

Si la voluntad es su esencia, el hombre es libertad pura, porque la libertad es determinación autónoma. Voluntad esencial, el hombre es esencial libertad. El hombre democrático no es libertad condicionada, libertad que una naturaleza humana supedita, sino libertad total. Sólo sus actos libres son actos de su esencia, y lo que aminora su libertad lo corroe. El hombre no puede someterse, sin dimitir. Su libertad no prescribe, porque una esencia no prescribe.

Como su libertad no es concesión de una voluntad ajena, sino acto analítico de su esencia, la autonomía de la voluntad es irrestricta, y su soberanía perfecta. Sólo la volición gratuita es legítima, porque sólo ella es soberana.

Siendo soberana, la voluntad es idéntica en todos. Accidentes que no alteran la esencia nos distinguen. La diferencia entre los hombres no afecta la naturaleza de la voluntad en ninguno, y una desigualdad real violaría la identidad de esencia que los funda. Todos los hombres son iguales, a pesar de su variedad aparente.

Para la antropología democrática, los hombres son voluntades libres, soberanas, e iguales.

Después de asentar su definición antropológica, la doctrina procede a elaborar las cuatro tesis ideológicas de su apologética.

La primera, y la más obvia, de las ideologías democráticas es el ateísmo patético.

La democracia no es atea, porque haya comprobado la irrealidad de Dios, sino porque necesita rigurosamente que Dios no exista. La convicción de nuestra divinidad implica la negación de su existencia. Si Dios existiese, el hombre sería su criatura. Si Dios existiese, el hombre no podría palpar su divinidad presunta. El Dios trascendente anula nuestra inútil rebeldía. El ateísmo democrático es teología de un dios inmanente.

Para confirmar nuestra divinidad problemática, el ateísmo enseña que los otros dioses son inventos del hombre. Hijos del terror, o del sueño; símbolos de la sociedad, o de nuestras raíces obscenas. Mitos que cumplen la alienación suprema. La democracia afirma que la carroña de la libertad humana es cuna de los enjambres sagrados.

La idea del progreso es la teodicea del antropoteísmo futurista, la teodicea del dios que despierta desde la insignificancia del abismo. El progreso es la justificación de la condición actual del hombre, y de sus ulteriores teofanías.

El ser que reprime, con ritos precarios, el murmullo de su animalidad recalcitrante, no cree en su divinidad oculta, sino imagina que la materia primitiva es máquina productora de dioses. Si un proceso de perfeccionamiento inevitable no suplanta la reiteración del tiempo, si lo complejo no proviene de lo simple, si lo inferior no engendra los términos superiores de las series, si la razón no emerge de una neutralidad pretérita, si la noche no es preparación evangélica a la luz, si el bien no es faz del mal arrepentido, el hombre no es dios. No bastan las recetas que almacena para que su inteligencia presienta, en el cálculo de comportamientos externos, premisas de su omnisciencia futura. No basta la leve impronta de sus gestos sobre la corteza de la tierra, para presumir que la astucia de sus manos le prepara una omnipotencia divina. El progreso es dogma que requiere una fe previa.

Para garantizar al hombre que transformará el universo, y logrará labrarlo a la medida de su anhelo, la democracia enseña que nuestro esfuerzo demiúrgico prolonga el ímpetu que solevanta la materia. Que el motor del progreso sea una dialéctica interna, un pasaje de la homogeneidad primitiva a una heterogeneidad creciente, una serie de emergencias sucesivas, o el empeño atrevido de un aborto de la necesidad, la doctrina supone que un demiurgo ausente, desde su inexistencia primera, elabora el alimento de su epifanía futura.

La teoría de los valores es la más espinosa empresa de la ideología democrática. Ateísmo y progreso sólo piden una retórica enfática, porque la existencia de Dios no es obvia, porque un simple ademán hacia el futuro confirma la fe de un progresista vacilante; mientras que la presencia de valores es hecho que anula los postulados democráticos, con insolencia tranquila.

Si placer y dolor ya muestran una independencia inquietante; ¿qué subsiste de nuestra divinidad proclamada, si la verdad nos ata a una naturaleza de las cosas, si el bien obliga como un llamamiento irresistible, si la belleza existe en la pulpa del objeto? Si el hombre no es el supremo hacedor de los valores, el hombre es un viajero taciturno entre misterios, el hombre atraviesa los dominios de un incógnito monarca.

Según la doctrina democrática, el valor es un estado subjetivo que comprueba la concordancia entre una voluntad y un hecho. La objetividad del valor es función de su generalidad empírica, y su carácter normativo proviene de su referencia vital. Valor es lo que la voluntad reconoce como suyo.

La reducción del valor a su esquema básico procede con astucias diversas. Ciertas teorías prefieren una reducción directa, y enseñan que valor es meramente lo que el hombre declara serlo. Pero las teorías más usuales eligen rutas menos obvias. La función biológica, o la forma social, suplantan la voluntad desnuda, y representan su manifestación concreta.

Placer y dolor aparecen como síntomas de una vida que se cumple o que fracasa; el bien es el signo de un feliz funcionamiento biológico, o de un acto propicio a la supervivencia social; la belleza es indicio de una posible satisfacción de instintos, de una exaltación posible de la vida, o expresión auténtica de un individuo, reflejo auténtico de una sociedad; verdad, en fin, es el arbitrio que facilita el apoderamiento del mundo. Éticas utilitarias o sociales, estéticas naturalistas o expresionistas, epistemologías pragmáticas o instrumentales, intentan reducir el valor a su esquema prepuesto, y no son más que artefactos ideológicos.

La última tesis de la apologética democrática es el determinismo universal. Para afianzar sus profecías, la doctrina necesita un universo rígido. La acción eficaz requiere un comportamiento previsible, y la indeterminación casual suprime la certeza del propósito. Como el hombre no sería soberano sino en un universo regido por una necesidad ciega, la doctrina refiere a circunstancias externas los atributos del hombre. Si el mundo, la sociedad, y el individuo, no son, en efecto, reductibles a meras constantes casuales, aun el empeño más tenaz, más inteligente y más metódico, puede fracasar ante la naturaleza inescrutable de las cosas, ante la insospechable historia de las sociedades, ante las imprevisibles decisiones de la conciencia humana. La libertad total del hombre pide un universo esclavizado. La soberanía de la voluntad humana sólo puede regentar cadáveres de cosas.

Como un determinismo universal arrastra la libertad misma que lo proclama, la doctrina recurre, para esquivar la contradicción que la anula, a una acrobacia metafísica que transporta al hombre, desde su pasividad de objeto, hasta una libertad de dios repentino.

Al realizarse en comportamientos, en instituciones, y en obras, el principio democrático procede con severa coherencia. La aparente confusión de sus fenómenos patentiza la extraordinaria constancia de la causa. En circunstancias diversas los rumbos son distintos, para que el propósito permanezca intacto.

Dos formas sucesivas del principio inspiran la práctica democrática: el principio como voluntad soberana o como voluntad auténtica.

No concediendo legitimidad sino a la voluntad gratuita, la democracia individualista y liberal traduce, en norma inapelable, los equilibrios momentáneos de voluntades afrontadas en un múltiple mercado electoral. El correcto funcionamiento del mercado supone un campo raso, expurgado de resabios éticos, escamondado de prestigios pretéritos, limpio de los despojos del pasado. La validez de las decisiones políticas, y de las decisiones económicas, es función de la presión que ejerce la voluntad mayoritaria. Las reglas éticas, y los valores estéticos resultan del mismo equilibrio de fuerzas. Los mecanismos automáticos del mercado determinan las normas, las leyes, y los precios.

Para la democracia individualista y liberal, la volición es libre de obligaciones internas, pero sin derecho de apelar a instancias superiores contra las normas populares, contra la ley formalmente promulgada, o contra el precio personalmente establecido. El demócrata individualista no puede declarar que una norma es falsa, sino que anhela otra; ni que una ley no es justa, sino que quiere otra; ni que un precio es absurdo, sino que otro le conviene. La justicia, en una democracia individualista y liberal, es lo que existe en cualquier momento. Su estructura normativa es configuración de voluntades, su estructura jurídica suma de decisiones positivas, y su estructura económica conjunto de actos realizados.

La democracia individualista suprime toda institución que suponga un compromiso irrevocable, una continuidad rebelde a la deleznable trama de los días. El demócrata rechaza el peso del pasado, y no acepta el riesgo del futuro. Su voluntad pretende borrar la historia pretérita, y labrar, sin trabas, la historia venidera. Incapaz de lealtad a una empresa remitida por los años, su presente no se apoya sobre el espesor del tiempo; sus días aspiran a la discontinuidad de un reloj siniestro.

La sociedad regida por la primera forma del principio democrático inclina hacia la anarquía teórica de la economía capitalista, y del sufragio universal.

El principio reviste su segunda forma, cuando el uso de la libertad amenaza los postulados democráticos. Pero la transformación de la democracia liberal e individualista en democracia colectiva y despótica, no quebranta el propósito democrático, ni adultera los fines prometidos. La primera forma contiene y lleva a la segunda, como una prolongación histórica posible, y como una consecuencia teórica necesaria.

En efecto, si todos los hombres son voluntades libres, soberanas, e iguales, ninguna voluntad puede sojuzgar legítimamente a las otras; pero como la voluntad no puede tener más objeto legítimo que su propia esencia, como toda voluntad que no tenga su esencia por objeto se niega y se anula, cualquier voluntad individual que no tenga por objeto su libertad, su soberanía, y su igualdad, peca contra su esencia auténtica, y puede ser legítimamente obligada, por una voluntad recta, a obedecerse a sí misma. No importa que la rebeldía contra su propia esencia sea acto de una sola voluntad, de una multitud de voluntades, de la cuasi totalidad de voluntades existentes en un instante preciso, o de la totalidad misma, porque la doctrina democrática necesariamente postula, frente a las voluntades pervertidas e insurrectas, una voluntad general proba consigo misma, leal a su esencia, cuya legitimidad puede ser representada por una sola voluntad recta. Mayoría, partido minoritario, o individuo, la legitimidad democrática no depende de un mecanismo electoral, sino de la pureza del propósito.

La democracia colectivista y despótica somete las voluntades apóstatas a la dirección autocrática de cualquier nación, clase social, partido, o individuo, que encarne la voluntad recta. Para la democracia colectivista y despótica, la realización del propósito democrático prima sobre toda consideración cualquiera. Todo es lícito para fundar una igualdad real que permita una libertad auténtica, donde la soberanía del hombre se corona con la posesión del universo. Las fuerzas sociales deben ser encauzadas, con decisión inquebrantable, hacia la meta apocalíptica, barriendo a quien estorbe, liquidando a quien resista. La confianza en su propósito corrompe al demócrata autoritario, que esclaviza en nombre de la libertad, y espera el advenimiento de un dios en el envilecimiento del hombre.

La realización práctica del principio democrático reclama, en fin, una utilización frenética de la técnica, y una implacable explotación industrial del planeta.

La técnica no es producto democrático, pero el culto de la técnica, la veneración de sus obras, la fe en su triunfo escatológico, son consecuencias necesarias de la religión democrática. La técnica es la herramienta de su ambición profunda, el acto posesorio del hombre sobre el universo sometido. El demócrata espera que la técnica lo redima del pecado, del infortunio, del aburrimiento, y de la muerte. La técnica es el verbo del hombre-dios.

La humanidad democrática acumula inventos técnicos con manos febriles. Poco le importa que el desarrollo técnico la envilezca, o amenace su vida. Un dios que forja sus armas desdeña las mutilaciones del hombre.

Demonios y dioses nacen lejos de la mirada de los hombres, y su infancia se aletarga en moradas subterráneas. La religión democrática anida en las criptas medievales, en la sombra húmeda donde bullen las larvas de textos heréticos.

La predicación clandestina de mitos dualistas no calla bajo el despotismo de los emperadores ortodoxos. Los anatemas conciliares, las sentencias de los prefectos imperiales, los tumultos de la piedad popular, sofocan temporariamente la voz nefanda, pero sus ecos resucitan en villorrios montañeses, en conventículos de ciudades fronterizas, y entre las legiones del imperio.

De sus tierras de exilio, la evangelización dualista se propaga, lejos de la vigilante burocracia bizantina, hacia los laxos señoríos de Occidente. Las aguas de la turbia riada sumergen sedes episcopales, y baten el granito del trono pontificio.

La sombra tutelar y sangrienta del tercer Inocencio restaura la unidad quebrada, pero en tierras apartadas y distantes, en Calabria, sobre el Rhin, entre telares flamencos, una nueva religión ha nacido. La moderna religión democrática se plasma, cuando el dualismo bogomilo y cátaro se combina, y fusiona, con el mesianismo apocalíptico. En los parajes de su nocturna confluencia, una sombra ambigua se levanta.

La esperanza mesiánica que el cristianismo cumple, y a su vez renueva, irrita reiteradamente la febril paciencia del hombre.

En inmensos aposentos de adobe y bitumen, cráneos glabros, inclinados ante el monarca que apresa las manos sagradas, entonan himnos de victoria, que un salmista plagia para la unción de reyezuelos. Las adulaciones irrisorias se transmutan bajo la llamada profética, y el ungido terrestre prefigura al ungido divino. Cuando al templo destruido sólo sucede un templo profano, los temas mesiánicos esparcen su intacta virulencia. La impotencia política azuza la esperanza mesiánica.

Mondado de sus excrecencias carnales, el mesianismo transmite a la Iglesia, sin embargo, el germen de sus terribles avideces. Muchedumbres esperan el descenso de la ciudad celeste, y la primera encarnación del Paracleto anuncia, entre profetisas desnudas, las cosechas kiliásticas.

La expectativa de un terrestre reino de los santos exalta la piedad de solitarios, y la miseria de las turbas. Anhelos del alma y venganzas de la carne embriagan, con sus jugos ácidos, corazones contritos y vanidades crispadas. El mesianismo vulgar se nutre de los más nobles sueños, y de las pasiones más viles.

Pero aún los mesianismos carnales esperan, como un don divino, la floración sangrienta. Los milenarismos militantes son arrebatos de impaciencia humana, y no simulacros de omnipotencia divina.

Solamente cuando el rector de la horda gemebunda, el constructor de la Jerusalén celeste, el juez del tribunal irrecusable, es el hombre mismo, el hombre solo; cuando el dios caído de las heterodoxias gnósticas se confunde con la hipóstasis soteriológica de la teología trinitaria; solamente cuando el Mesías prometido es la humanidad divinizada; solamente entonces el hombre-dios de la religión democrática se yergue, lentamente, de su lodo humano.

Al abandonar la penumbra de su incubación furtiva, la religión democrática se propaga a través de los siglos, elaborando, con maligna astucia, la superestructura colosal de sus ideologías sucesivas. Hija del orgullo humano, todo lo que inflama el orgullo, enciende la fuliginosa antorcha. Su propagación no requiere sino que el orgullo fulgure, porque una nube fugaz vela el sol inteligible. Pero el orgullo mismo crea las tinieblas donde sólo su propia luz resplandece.

Toda conversión acaece en las recámaras del alma, donde la libertad se rinde a las instigaciones del orgullo. Nada existe que no pueda seducirnos; una virtud que se deslumbra a sí misma, un vicio que se desfigura a sus propios ojos. Basta que un solo tema nos adule, para que acatemos la doctrina entera. Cuando hemos sucumbido a la servil insidia, el desorden aparente de nuestros actos obedece a una presión que lo orienta.

Como la doctrina democrática puede exhibir, en cualquier instante, y en cualquier individuo, la suma íntegra de sus consecuencias teóricas, su historia no presenta un desenvolvimiento doctrinal, sino una progresiva posesión del mundo.

La democracia registra su bautismo sobre la faz escarnecida de Bonifacio VIII. El gesto procaz envuelve en la púrpura de su insulto, como en un sudario pontificio, el Sacro Imperio agonizante, y la sombra indiferente de los grandes papas medievales. Los legistas cesáreos resucitan, para restaurar la potestad tribunicia. El estado moderno ha nacido.

La proclamación de la soberanía del estado necesita varios siglos, pero las reformas políticas y los separatismos religiosos que la preparan, son sucesos que una firme voluntad usurpa, o elabora. Los estados nacionales son retorta del estado soberano.

Antes de decretar la soberanía del hombre, la empresa democrática deslinda el recinto donde la promulgación parezca lícita. En el laberinto jurídico del estado medieval, la predicación tropieza contra la libertad patrimonial de algunos, contra las usurpaciones sancionadas de otros, contra los fueros naturales de todos. Pero el estado que se estima solo juez de sus actos e instancia final de sus pleitos, que no acata sino la norma que su voluntad adopta, y cuyo interés es la suprema ley, puede constituirse en dios secularizado.

Al proclamar la soberanía del estado, Bodin concede al hombre el derecho de concertar su destino. El estado soberano es la primera victoria democrática.

El estado soberano es un proyecto jurídico que el absolutismo monárquico realiza; y los legistas del rey de Francia no son los servidores de una raza, sino de una idea. El monarca combate los poderes feudales, los fueros provinciales, los privilegios eclesiásticos, para que nada restrinja su soberanía, porque el estado debe abolir todo derecho que pretenda precederlo, toda libertad que pretenda limitarlo. La jurisdicción monárquica invade las jurisdicciones señoriales; la autoridad pública suprime la autonomía comunal; el reformismo estatal reemplaza la lenta mutación de las costumbres; y el despotismo legislativo suplanta estructuras contractuales y pactadas. El absolutismo enerva las fuerzas sociales, y fabrica una burocracia centralista que, al usupar la función política, transforma los súbditos del rey en siervos del estado.

La soberanía del estado moderno se plasma en pluralismo de estados soberanos, en cuyo inestable equilibrio incuba la virulencia nacionalista, que corona sendos centralismos sofocantes con imperialismos truculentos.

Como todo episodio democrático suscita, en sus más fervientes propulsores, un espasmo de angustia ante la pretensión que se desenmascara, cada forma de la doctrina comporta una copia negativa que parece, tan sólo, su imagen descolorida y pálida, pero que es, en verdad, un reflejo reaccionario ante el abismo. A medida que las supervivencias medievales se extinguen, la historia de la democracia se reduce al conflicto entre su principio puro y sus recelos reaccionarios, larvados en supositicias alternativas democráticas.

A la soberanía del estado contesta el derecho divino de los reyes, que no es formulación religiosa del absolutismo político, sino la más eficaz manera doctrinal de negarlo. Proclamar el derecho divino del monarca, es desmentir su soberanía y repudiar la irrecusable validez de sus actos. Sobre el monarca de derecho divino imperan, jurídicamente, con la religión que lo unge, el derecho natural que lo precede, y la moral que lo conmina.

El cadalso del trágico Enero alzaría una imagen meramente patética, si hubiesen asesinado tan sólo, un delegado impotente del despotismo monárquico, pero la imposibilidad de ratificar un cisma, violentando su conciencia, lleva al Borbón flácido y tonto, entre el silencio de cien mil personas, y bajo el redoble de tambores, hasta el más noble de sus tronos.

La segunda etapa de la invasión democrática se inicia cuando el hombre reclama, en el marco del estado soberano, la soberanía que la doctrina le concede. Toda revolución democrática consolida al estado. El pueblo revolucionario no se alza contra el estado omnipotente, sino contra sus posesores momentáneos. El pueblo no protesta contra la soberanía que lo oprime, sino contra sus detentadores envidiados. El pueblo reivindica la libertad de ser su propio tirano.

Al proclamar la soberanía popular, Rousseau anticipa su realización plenaria, pero forja la herramienta jurídica de las codicias burguesas.

El heredero de las soberanías estatales, el monarca pululante de las sociedades allanadas, se precipita sobre un mundo cedido a la avidez de su apetito utilitario. La tesis de la soberanía popular troza los ligamentos axiológicos de la actividad económica, para que suceda, a la búsqueda de un sustento congruo, el afán de una riqueza ilimitada. La expansión burguesa agarrota el planeta en la red de sus trajines insaciables.

La era democrática presenta un incomparable desarrollo económico, porque el valor económico es parcialmente dúctil a los postulados democráticos. El valor económico tolera una indefinida dilatación caprichosa, y su núcleo sólido se expande en elásticas configuraciones arbitrarias. El hombre no es soberano, tampoco, de los valores económicos; pero la posible alternancia de todos, y el carácter artificial de muchos, permiten que el hombre presuma, ante ellos, una soberanía que el resto del universo le niega. El valor económico es el menos absurdo emblema de nuestra soberanía quimérica.

Un notorio predominio de la función económica caracteriza la sociedad burguesa, donde la economía determina la estructura, fija la meta, y mide los prestigios. El poder económico, en la sociedad burguesa, no acompaña meramente, y da lustre, al poder social, sino lo crea; el demócrata no concibe que la riqueza, en sociedades distintas, resulte de los motivos que fundan la jerarquía social.

La veneración de la riqueza es fenómeno democrático. El dinero es el único valor universal que el demócrata puro acata, porque simboliza un trozo de naturaleza servible, y porque su adquisición es asignable al solo esfuerzo humano. El culto del trabajo, con que el hombre se adula a sí mismo, es el motor de la economía capitalista; y el desdén de la riqueza hereditaria, de la autoridad tradicional de un nombre, de los dones gratuitos de la inteligencia o la belleza, expresa el puritanismo que condena, con orgullo, lo que el esfuerzo del hombre no se otorga.

La tesis de la soberanía popular entrega la dirección del estado al poder económico. La clase portadora de la esperanza democrática encabeza, inevitablemente, su agresión contra el mundo. El sufragio universal elige, en sus comicios, los más vehementes defensores de las aspiraciones populares; pero los parlamentarios elegidos gobiernan, con la burguesía que absorbe los talentos, para la burguesía que multiplica la riqueza.

Los mandatarios burgueses del sufragio prohijan el estado laico, para que ninguna intromisión axiológica perturbe sus combinaciones. Quien tolera que un reparo religioso inquiete la prosperidad de un negocio, que un argumento ético suprima un adelanto técnico, que un motivo estético modifique un proyecto político, hiere la sensibilidad burguesa, y traiciona la empresa democrática.

La tesis de la soberanía popular entrega, a cada hombre, la soberana determinación de su destino. Soberano, el hombre no depende sino de su caprichosa voluntad. Totalmente libre, el solo fin de sus actos es la expresión inequívoca de su ser. La rapiña económica culmina en un individualismo mezquino, donde la indiferencia ética se prolonga en anarquía intelectual. La fealdad de una civilización sin estilo patentiza el triunfo de la soberanía promulgada, como si una vulgaridad impúdica fuese el trofeo apetecido por las faenas democráticas. En las llamas de la proclamación inepta, el individuo arroja, como ropajes hipócritas, los ritos que lo amparan, las convenciones que lo abrigan, los gestos tradicionales que lo educan. En cada hombre liberado, un simio adormecido bosteza, y se levanta.

La aprensión reaccionaria, que provoca cada episodio democrático, inventa la teoría de los derechos del hombre y el constitucionalismo político, para alambrar y contener las intemperancias de la soberanía popular.

Las consecuencias de la tesis espantan a quienes la proclaman, y les sugiere remediar su error apelando a imprescriptibles derechos del hombre. El proyecto revela su origen reaccionario, a pesar de su endeble argumentación metafísica, porque substraer al pueblo soberano una fracción de su poder presunto, por medio de una declaración solemne de principios, o de una constitución taxativa de derechos, es una felonía contra los postulados democráticos.

El liberalismo político hereda el ingrato deber de sofrenar las pretensiones que parcialmente comparte. La confusión intelectual que lo caracteriza, y la lealtad dividida que lo enerva, le impiden acogerse a su franca estirpe reaccionaria, y lo designan, como víctima estupefacta e inerme, a la violencia democrática. Pero el liberalismo mantuvo, a pesar de su incompetencia teórica, vestigios de sagacidad política.

La tercera etapa de la conquista democrática es el establecimiento de una sociedad comunista.

El esquema clásico del Manifiesto no requiere rectificación alguna: la burguesía procrea el proletariado que la suprime.

La sociedad comunista surge del proceso que engendra un proletariado militante, una agrupación social pulverizada en individuos solitarios, y una economía cuya integración creciente necesita una autoridad coordinada y despótica; pero tanto el proceso mismo, como su triunfo político, resultan del propósito religioso que lo sustenta. El comunismo no es una conclusión dialéctica, sino un proyecto deliberado.

En la sociedad comunista, la doctrina democrática desenmascara su ambición. Su meta no es la felicidad humilde de la humanidad actual, sino la creación de un hombre cuya soberanía asuma la gestión del universo. El hombre comunista es un dios que pisa el polvo de la tierra.

Pero el demiurgo humano sacrifica la libertad posible del hombre, en aras de su libertad total. Si la indocilidad de la carne irrita su benevolencia divina, y reclama una pedagogía sangrienta, el mito que lo embriaga le certifica la inocencia del terror. Sin embargo, un entusiasmo pueril lo protege, aun, de las abyecciones postreras.

El propósito democrático extingue, lentamente, las luminarias de un culto inmemorial. En la soledad del hombre, ritos obscenos se preparan.

El tedio invade el universo, donde el hombre no halla sino la insignificancia de la piedra inerte, o el reflejo reiterado de su cara lerda. Al comprobar la vanidad de su empeño, el hombre se refugia en la guarida atroz de los dioses heridos. La crueldad solaza su agonía.

El hombre olvida su impotencia, y remeda la omnipotencia divina, ante el dolor inútil de otro hombre a quien tortura.

En el universo del dios muerto y del dios abortado, el espacio, atónito, sospecha que su oquedad se roza con la lisa seda de unas alas.

Contra la insurrección suprema, una total rebeldía nos levanta. El rechazo integral de la doctrina democrática es el reducto final, y exiguo, de la libertad humana. En nuestro tiempo, la rebeldía es reaccionaria, o no es más que una farsa hipócrita y fácil.

Un vaho de inanidad emana de las buenas novelas como desde un cementerio de ateos.

Este género literario, que ambiciona trazar la curva parabólica de la vida desde su aparición estercórea hasta los estertores que preludian la indiferencia final, ignora las iniciaciones caprichosas y las interrupciones repentinas, mientras que otras artes, al contrario, saben seccionar trozos abruptos de existencia para alzarlos, señeros, aislados, pensiles, en el espacio estético que los absuelve de sus nexos vulgares.

La tragedia, como la poesía lírica, como el cuento mismo, someten la representación de la vida a sus arbitrarios propósitos. Desdeñando una fiel reproducción, nada los ata a la monotonía de nuestra condición común. Sobre el escenario que bruscamente erigen, un astuto sistema de gestos elabora una efigie noble del hombre.

Pero la novela, que anhela ser una sombra luminosa y fiel, nos apesadumbra y nos abate cuando su terso espejo refleja nuestro veraz destino.

Radicados en el duradero espesor del instante, la compasiva necesidad de vivir nos excusa la visión integral de la vida. Olvidamos que en la continuidad de los días se anegan nuestras iluminaciones transitorias, que su materia esponjosa y mate absorbe nuestras exaltaciones de un momento. Enclaustrada en sus urgencias sucesivas, nuestra existencia pueril y siniestra oculta su indomable hastío.

Mas la novela entrega una vida completa a nuestra conciencia del instante. En su fulgor fugaz y repentino una existencia cumplida nos enseña, en fin, verdades pálidas y obvias. La sabiduría trivial y última, que la vida recoge al arrastrarse por los años, se condensa en un aguijón de luz.

Así vemos la vana impaciencia de nuestra juventud perderse en los esteros de los años seniles, y los terrenos de juncos y de lodo extender sus bajos horizontes a la vera de un mar hipotético.

Así aprendemos que sólo la catástrofe que el hombre acepta, que sólo la muerte que acoge, que sólo el desastre que asume, lo eximen de la horrenda paciencia de reo olvidado en un indefinido exilio.

Los instantes propicios a la posesión de evidencias son pausas entre empresas serviles.

Para que el mundo, en la inmóvil claridad de la conciencia, asuma su plenitud inteligible y emprenda su divino ascenso, es menester que brisas tramontanas barran las escorias del día, es menester que el hombre, precariamente redimido del turbulento escándalo en que mora, restaure su dignidad perdida y se albergue en la noche impoluta.

Libre, así, del torpe asedio de sus bríos, sordo a la voz intrusa de sus hambres, amparado, absorto, rescatado, el hombre olvida su condición de bestia acorralada.

Pero no basta, para alzarnos a una justa visión del mundo, sumar a una ciencia de la muerte la sabiduría de un animal feroz. La experiencia del hombre abunda en materias obscenas y en espectros sagrados.

Aferrado a su propósito prescrito, el animal se

cumple si asegura su tránsito: vivir es su única victoria, y morir su único fracaso. Sólo riesgos vitales lo acechan en el turbio espacio.

El hombre, en cambio, no es meramente un animal que afronta, con ingenio, los medrosos usos de la vida. Asediado de extravagantes amenazas, aventurado entre riesgos imprevistos, no sólo la muerte lo conmina. En instantes de tregua, cuando nada arriesga y nada teme, la convicción de un fracaso lo invade, repentinamente, como el hálito premonitorio de una fosa. Experiencias insólitas ulceran el liso tejido de sus actos. En su ficticia integridad anida una pululación de larvas. El hombre es el único animal sujeto al aburrimiento; el único animal capaz de error, de envilecimiento, y de pecado.

Nuestra existencia, sin embargo, no peligra en la repentina selva. El hombre prueba evidencias de fracaso sin herir su carne intacta. Ni quien yerra, ni quien se envilece, ni quien peca, mutila instrumentos de victoria. No urge ser, para sobrenadar en la lodosa riada, ni sabio, ni santo, ni noble; y usualmente es menester no serlo. La vida ignora incongruas amenazas.

El aburrimiento, en efecto, no es compasivo torpor que reconforta, ni cautela que preserva de excesos, sino hambre en medio del hartazgo. Indicio de una conciencia que emerge de sus brumas para sucumbir a inéditas insidias, el aburrimiento labra en el rostro de la bestia los primeros rasgos humanos. El hombre que se aburre asciende a una neutra disponibilidad vital; a la terraza horizontal y lisa, adonde afluyen los sordos rumores que presagian la agresión del destino. Con el aburrimiento se inicia la peregrinación del fracaso.

Sin embargo, el error no nos frustra de presas codiciadas; el error no es previsión fallida, ni cálculo de efectos colocados donde un manipuleo preciso los delata; el error es composible con todo repertorio de aciertos. Error es el juicio que ningún experimento refuta, y que una experiencia más honda confunde; error es la aserción que ningún raciocinio rebate, y que la madurez del espíritu desmiente. Error es la creencia de ayer que, hoy, nos sofoca de vergüenza.

El envilecimiento no es suma de descalabros e infortunios, sino término de una progresión de concesiones a las necesidades de la vida. El envilecimiento es desmayo ante las exigencias de principios, y deslealtad con nuestros íntimos propósitos. El envilecimiento es sumisión de nuestros auténticos anhelos a los halagos de botín.

El pecado, finalmente, no es negligencia de recetas eficaces, ni trangresión de prohibiciones éticas. El pecado es pesantez. El pecado es resonancia del agravio que hiere a nuestro más carnal amor. El pecado es desacato de un llamamiento silencioso. El pecado es culpabilidad ante un ignoto tribunal.

Víctima, así, del tedio inserto en la agitación meridiana como en el sosiego vespertino, humillado por el error que lo insulta, abatido por la capitulación de su indolencia, atónito ante absurdas llagas, el hombre encalla en un destino escarnecido, el hombre acumula testimonios de fracaso.

Pero el fracaso es privación, rapto de fueros profanados, lívido estigma de un agravio, yerma impronta de una ausencia, clara sombra de un exilio. Si el cadáver es huella, breve y deleznable, de una vida proscrita; el aburrimiento, el error, el envilecimiento, y el pecado, son huellas de valores.

El hombre es animal ubicado entre presencias y entre sombras. El hombre es existencia que trasciende los límites de su prístino recinto. El hombre es conciencia de mucho más que su vida.

La conciencia del hombre no se mueve en el mundo, sino el mundo en ella. Las más osadas alas circunvuelan en su cielo.

Sin embargo, la conciencia humana no es esquema abstracto, sino condición concreta; postulación absoluta ligada a una carne.

La conciencia no es correlativo abstracto del objeto, sino presencia que ama y odia.

La conciencia no es exangüe espectro, suspenso en un empíreo, como una pupila sideral. La conciencia es individualidad inconfundible, temporalidad irrecusable, espacialidad patente. La conciencia es persona, en un instante, y en un sitio.

La condición concreta no es modo subjetivo, sino indisolubilidad de una conciencia y de su mundo. La condición es totalidad dada en simultánea plenitud.

La relación entre el sujeto y su objeto es relación entre una conciencia encarnada y su experiencia propia. Ni el sujeto es aprehensión pura; ni el objeto experiencia mostrenca.

La experiencia no es tierra virgen y baldía que una conciencia se apropia, lienzo inerte que seccionamos en trozos repartibles. La experiencia es suma de actos intencionales de una conciencia individual, y suma de los datos visados por los actos. Toda experiencia es objeto atado a una conciencia.

Sólo el mito de una conciencia impersonal motiva la suposición de una experiencia uniforme. Traducir, luego, toda pregunta en símbolos pertinentes a una experiencia predilecta no es desbaratar una mitología, sino sucumbir a un mito.

Afirmar, sin embargo, la evidencia de la condición concreta no es restringir en mera expresión del sujeto la validez de una aserción; ni es, tampoco, reducirla a resultante de un contexto objetivo que la condiciona. Una subjetividad total supone la definición previa de una experiencia impersonal que la define; la definición de un contexto objetivo recurre a un esquema impersonal. El relativismo de la expresión subjetiva y el dogmatismo del condicionamiento externo son formas larvadas e insidiosas del mito de la conciencia abstracta.

El mito de la conciencia impersonal viola la evidencia de la condición concreta, y nos limita, así, a la mera postulación de la conciencia como espejo del mundo, y a la investigación de datos presentados en su experiencia única.

La conciencia en condición concreta, sin embargo, es conciencia en perpetua mudanza. Su experiencia varía con la condición que la concierne. Columbrada desde una condición diversa, la condición heterogénea es afirmación opaca. En cada condición concreta se ordena una experiencia distinta. Reconocer la condición concreta es renunciar a toda determinación externa, y acatar como norma de una aserción la experiencia irreemplazable que la provoca. El bosque es ámbito ecológico del ciervo, riqueza del leñador, o penumbra pánica.

No basta, luego, que una experiencia actual verifique una aserción, para que sea lícito apoyar sobre ella una explicación global. Su acierto nada implica sobre la precisa significación que le compete. El significado depende del estrato de experiencia de donde proviene. El universo no es suma de datos presentados en una experiencia única, sino estructura de condiciones concretas con sus concernientes experiencias.

Como la conciencia en condición concreta es conciencia en perpetua mudanza, como la condición concreta es condición histórica, la historia nos salva, tanto del mito de una experiencia única, como de nuestra limitación individual.

La historia no es inventario de las experiencias de la especie. Ni gabinete de trebejos heteróclitos; ni doctrinal requirente, apenas, breves glosas. Una teoría del universo, sin embargo, no es una teoría de la historia; sino una teoría, permitida por la historia, de lo que le permite. A su vez la historia permite la teoría, porque las vicisitudes de la conciencia individual permiten la comprensión de la historia.

Si, en efecto, escapar a toda condición concreta es hazaña imposible; si para ser, es inevitable que siempre seamos alguien, en algún sitio, y en algún instante; nuestra identidad personal, en el tiempo mudable, en el espacio reversible, no se desliza siempre como un viajero intacto e inerte. En repentinas circunstancias, una conmoción geológica sacude la conciencia, altera su relieve, y transmuta sus faunas y sus floras. Crisis climatérica que la aparición de un objeto desconocido y nuevo no desata; fluir de aguas estancadas que no libera la remoción de un objeto que las obstruye. Bronco trastrocamiento de bases que no es catástrofe de objetos. La mudanza repentina afecta a la experiencia misma. Visión nueva de un espectáculo invariado; nuevo modo de ver cosas idénticas. El mismo sol ilumina el mismo espacio, pero su luz no vierte la misma claridad.

Hombre que contempla un universo alterado, conciencia en nueva condición concreta donde aserciones anteriormente opacas se entregan con evidencia. Comprender, en efecto, no es acumular datos, ni ordenarlos en esquemas diversos, sino hallarse en una condición afín a una condición pretérita. Porque la conciencia varía, un astro resucita. Las aventuras de la conciencia individual son la hermenéutica de la historia.

Toda historia es contemporánea o nula. El universo no es infinitud de puntos ordenados en haz de líneas paralelas entre dos infinitos, sino posibilidad permanente de experiencias idénticas. La condición concreta no es, luego, mera condición empírica, conjuntura indiferente de acontecimientos instantáneos, sino participación en una experiencia adonde desemboca la intencionalidad de conciencias distintas. Sin recusar su pertenencia a una condición concreta, la experiencia es estrato de una estructura independiente. El universo no es simple suma de condiciones concretas, sino estructura objetiva de experiencias. Como toda experiencia es conjunto de datos perceptibles en una determinada condición concreta, la percepción es el acto que posesiona a la conciencia. Pero la percepción no es receptividad pasiva ante la presión de objetos, sino intencionalidad dirigida y enfocada por un valor optado. Sólo hay objetos perceptibles en la luz de un valor. La experiencia es función objetiva de una opción.

Pero si toda experiencia depende sólo de una opción, y si, por otra parte, sólo depende de una condición concreta, la condición concreta es opción. La condición concreta es opción real: fusión de valor y de ser. La estructura abstracta del universo es una posibilidad de opciones.

En efecto, el ser no se revela como unidad final, sino como pluralidad irreductible. El ser es infinita presencia de seres. Pero en la tórrida selva nuestro ebrio caminar se extravía, si la razón no adhiere a la arquitectura de las ramas. Allende la pluralidad primera, el ser se distribuye en una ordenación de estratos ontológicos, donde cada estrato es condición última, y donde ninguno reclama el privilegio de realidad primordial. La multiplicidad óntica, sin embargo, es mera diversidad modal, blanco lienzo bordado en concreciones trascendentes; pero los modos son condición irresoluble, y el ser de cada modo es su modo de ser.

Un ser neutro, una materia indiferente y primordial del ser, es ficción ininteligible y vana. La pasividad del ser es opción, y opción su actividad. Todo ser es opción concreta. Ser es hallarse fundado en opción.

La opción es el acto donde el ser concreto se engendra, la gruta tibia y húmeda de las hierogamias ónticas. Opción es la fusión intemporal de dos principios, nacidos en la forja misma que los funde. Opción es la adhesión del ser a un valor.

Valor y ser no se afrontan en esterilidad inmóvil: el ser no es autonomía cerrada de hechos brutos; el valor no es empíreo de presencias suspensas. Valor y ser son dados, con simultaneidad, en la opción que es el ser concreto. Todo valor es la opción de un ser. Todo ser es un valor optado. Valor es llamamiento a que un ser acude; ser es réplica a la voz que llama.

Valor es todo aquello susceptible de opción. Pero el valor no es hecho bruto que la naturaleza de un ser transmuta; ni subsistencia externa, espectral, e imperativa, a la cual un ser se acerca. La opción no es gesto que un estado de indiferencia preceda, y que una presentación repentina, o una necesidad neutra, solicite. El valor es la razón de la condición ontológica, la razón del comportamiento óntico.

Todo ser es opción concreta, pero la opción que lo funda no es acto arbitrario. El ser no escoge, en un mítico emporio, un valor por el cual opta. El ser concreto es contestación proferida, vocación plasmada.

La libertad del ser concreto no es libertad de elección indiferente, sino libertad de rechazar o de aceptar una vocación irrenunciable. Ningún ser se confiere a sí mismo el valor por el cual opta: su aceptación no es opción, sino acatamiento del valor optado; su rechazo no es ignorancia del valor, sino rebeldía. La libertad reside en un ámbito que la opción circunscribe. La libertad es nula ante las cosas ignoradas. Ante el valor que rechaza, la libertad no es afirmación neutra, sino afirmación antagónica. Rebelarse contra el bien es rendirse al mal. La libertad no es potencia abstracta; sino actitud del ser concreto ante un valor.

La totalidad del ser inmanente se escalona en una gradación de libertades. Desde la opción sin libertad, a través de la libertad ante una sola opción, hasta una pluralidad de libertades enfrente a múltiples opciones. Desde la subsistencia de la materia, a través de la existencia de la vida, hasta la trascendencia de la conciencia humana.

La subsistencia de la materia es el valor: preferencia del ser del ser al no ser de la nada. La materia es pura contingencia, identidad consigo mismo limitada a una instancia instantánea. La materia es el ser resignado a imprevisible permanencia. La materia es tictac de un reloj ausente que mide la eternidad.

La vida es un valor. Vivir es optar por la vida.

Vida es el modo del ser dado en la huida de su pura contingencia, del ser minado por la contingencia deletérea que lo transmite a la nada; pero que esquiva la invasión de la noche, expropiándose de sí mismo. Vida es el ser que se repudia, y fluye, vertido hacia una exterioridad promisoria, enajenado en una duración que substituye su mudanza a la imposible fundación en una identidad redentora. Vida es el ser que nutre de instantes sucesivos la carne de su intemporalidad. Vida es lo que no sub-siste, sino ex-iste. Vida es lo que tiende, absorto, ciego, consagrado, hacia un fin sin meta. La vida es raudo anhelo de finalidad indistinta. La vida no consigue consumarse en ninguno de sus términos; y su finalidad no es un estado postrero, sino su rumbo mismo. Toda estructura biológica es huella, en un contexto definible, de la finalidad transeúnte.

Sus pausas adventicias se consolidan en escala evolutiva, y los organismos son momentos de la finalidad detenida en una figura transitoria de equilibrio. Pero la finalidad revoca su estabilidad aparente, fluyendo hacia nuevas metas, y el organismo es ámbito donde la finalidad resucita, para agredir nuevas comarcas. Ajustada a los límites donde se fracciona, la vida remeda, en circunstancias distintas, su gesto elemental.

La finalidad de la existencia animal no excede el ansia de una prorrogación porfiada, y la propagación misma de la especie se inicia como artificio de ese empeño. El animal es vida que se afana en vivir. El mundo donde mora es, sólo, estructura hostil o favorable a su propósito. En el universo animal no hay objeto carente de referencia a la vida.

Integrado al mundo que lo alberga, el animal transita dentro de un ámbito total, donde interioridad subjetiva y exterioridad del objeto son postulaciones divergentes: la exterioridad es intimidad abandonada; la intimidad, exterioridad poseída. El sujeto es invaginación indefinida; el objeto exfoliación ilimitada. Cuerpo es la forma actual donde las tendencias se equilibran.

La existencia animal oscila entre la percepción del organismo primigenio, vertido en circunstancias, nudo a mitad desatado de centrífugos torbellinos, y la conciencia humana, donde la intimidad se compacta en núcleo incomprensible, y se cava en abismo. La condición animal asume en el hombre su máxima tensión: la interioridad se absolutiza en conciencia, la exterioridad en espacio. La vida se sutiliza en conciencia evanescente e inasible; la materia cristaliza en rígidos esqueletos espaciales. Espacio y conciencia se afrontan, como bestias enemigas.

Animal segregado de la totalidad vital y relegado en su soledad sitiada, conciencia erguida ante la irredimida exterioridad de la materia, el hombre es un ser capaz, imprevisiblemente, de torsión sobre su intangible eje, de aprehensión rapaz de sí mismo. El hombre es existencia capaz de asumirse como objeto de su conciencia; y de ascender, por lo tanto, de la condición de ejemplar substituible de su especie, a la condición de individuo irreemplazable.

Pero la individualidad pura es mera posibilidad abstracta de engendrarse a sí mismo en persona concreta. La individualidad es el ruedo de una faena inevitable. El individuo es obligación de construirse. La individualidad es vocación de persona. Si la homogénea planicie de la especie se estría y se riza en áspera discrepancia individual, cada individuo afronta la vocación que lo elige, la privada evidencia que lo llama. El individuo es el ser que se estructura en persona, porque sus actos se coordinan a la opción de valores inéditos.

La existencia animal es libertad ante la opción de un valor único. El suicidio la corona y la limita. El hombre es libertad ante multiplicidad de opciones. Cada persona es opción distinta o distinta suma de opciones; aceptación o rechazo, acatamiento parcial o parcial rebeldía.

Conciencia colocada entre valores distintos, el hombre no se pierde en su opción, ni adhiere meramente a ella sin asumir una actitud consciente. Ni la materia es substrato olvidado; ni la vida, existencia pura; ni los valores inéditos, trascendencia cumplida. La actitud consciente, que compara opciones diversas, escinde el ser concreto en valor y ser, engendra las categorías axiológicas, y exige de la razón un comportamiento específico.

Ante el valor de la materia subsistente, mera opción sin libertad, el hombre elabora la ciencia de las identidades puras y de las determinaciones necesarias. El estrato material del universo puede agotarse en un sistema de ecuaciones. Pero necesidad supeditada a la libre razón que la piensa, la formulación de hechos se transforma en herramienta para la apropiación del mundo. La técnica es itinerario de la implacable acción humana.

Ante la vida, la razón es destreza, tiento, habilidad, astucia. La razón prolonga el instinto. El valor de la vida se ramifica en fronda de valores. Valor del mero existir, placer difuso, satisfacción sexual, orgullo. Valores de bienestar orgánico que se complica en valores económicos. El aburrimiento es admonición opaca de la liberación del hombre. El aburrimiento delata la fuga de los valores sensuales. La sensualidad es la pulpa del objeto sensible. Sensualidad es el espesor opaco y tibio del objeto, la penumbra que se exalta en plenitud. Sensualidad es el color que se adensa detrás de su clara transparencia, de la forma que satura la interna multiplicación de su volumen. Sensualidad es la significación colmada, la presencia suficiente. Sensualidad es la dureza de la piedra, en la piedra; la fragancia de la flor, en la flor; la ascensión de la llama, en la llama. Sensualidad es el ser redimido de servidumbres y de fines; el ser como finalidad interna de sí mismo, plasmada en su compacta autonomía. Sensualidad es la persona cuyo solo ser nos basta. Sensual es la apropiación que no viola la integridad del objeto; el acto para el cual florece la más desnuda carne como una exaltación cristalina.

El valor estético es la evidencia de un ser-así irrefutable. El valor estético es verdad de una naturaleza, límpida adhesión a una esencia. Verdad no es aprehensión de objetos, ni contemplación de ideas, ni coherencia entre principios, sino posesión de un universal concreto. Verdad es el acto que alcanza, en la materia del objeto, la inexhausta plenitud del ser. La verdad es belleza, evidencia donde el objeto se consume en su inmovilidad de esencia.

El valor ético no es norma, sino recinto que la norma franquea. Bien es lo que la justicia permite, y la caridad logra. Bien es lo que la lealtad revela; lo que la humildad patentiza. El bien es sumisión de la conciencia a su auténtico mandato: interna plenitud en que la obediencia se colma. Los valores religiosos son el estrato final del universo. Límite de nuestra condición terrestre; pórtico de la trascendencia divina. El pecado es la llaga del postrer rechazo humano. El pecado es evidencia de la suprema afrenta, y resorte de la exaltación suprema. Pecado es el refugio del hombre perseguido por un terrible amor. Pecado es el testimonio de nuestra miseria triunfal.

Sólo los valores de la materia y de la vida son propiedad colectiva de la especie. Una proposición científica es válida para un hombre cualquiera; los valores vitales son válidos para todos, si un valor posterior, en una opción concreta, no los limita, los altera, o los suprime. Pero los valores que el hombre no comparte con sus precursores animales son indiferentes al consentimiento unánime o a la aprobación mayoritaria. Su opción es aventura personal, y acontecimiento histórico.

La opción no se inserta en una trama de determinaciones necesarias, de fatalidades encadenadas y conexas, sino en el amplio discurso del destino. La opción es ofrecimiento a nuestra voluntad postrera, pero nuestra contestación no se emancipa de nuestra situación histórica. Toda vocación individual se integra a más anchas vocaciones colectivas. La historia humana resulta de la vocación gratuita, de la libertad ante el valor, y del entrelazamiento impersonal entre las opciones asumidas. Pero la historia no comporta más sistema que la historia misma. Nada permite deducirla de un principio, ni limitarla a una instancia final.

El hombre cumple sus opciones en la historia de su vida. La opción se plasma en la carne de los días. Sólo hay valores encarnados. El universo es una fábrica de encarnaciones incesantes. El universo gira en torno de una encarnación divina.

El valor no es pálida promesa, sino realización en la impura materia. El valor no es la impureza acendrada, sino la impureza asumida. El valor no es amor de una cualidad eximia, sino amor de una persona concreta. El valor no es una idea pictórica, ni una inspiración poética, sino un cuadro pintado, una configuración verbal. El valor no es decálogo enumerativo, sino vida justa. El valor no es postración resonante, sino santidad obediente. El valor no es fórmula, sino obra.

Pero la obra no es valor. La obra no es presencia autónoma, sino repositorio permanente de una evidencia humana. La obra es creación. El hombre somete la materia a un propósito que sólo su cumplimiento define; el hombre engendra el cuerpo de un valor a cuya vocación responde. Pero el valor no es pieza de una cacería espiritual; la obra es caza y presa.

En la costumbre y en la técnica, en el comportamiento y en el rito, en la doctrina y en la obra de arte, el hombre crea una configuración de pautas, un recetario de actos. La obra no es valor, ni creación del valor, sino itinerario exacto, portulano de celestes comarcas. La obra es fin de nuestros actos, porque es el medio único de nuestros fines propios. El hombre crea para que un valor se realice. A través de las obras el hombre visa los valores.

Como el hombre no vive en planos superpuestos, ni en compartimientos estancos, sino en confusa totalidad arrumbada hacia pluralidad de metas, sus actos se entretejen y se mezclan en combinaciones diversas. Sus obras nunca son la limpia realización de un valor único. Un rito religioso cumple exigencias estéticas, un proceso económico vela un comportamiento ético, una naturaleza muerta exhibe un programa político. Sus obras forman conjunciones específicas.

El conjunto de las obras del hombre no es, así, sistema universal, sino multiplicidad de civilizaciones históricas. Cada civilización es una actitud básica que ordena una jerarquía de valores. En toda civilización la autonomía de las regiones axiológicas se supedita a una opción privilegiada. Pero si un principio interno la estructura, la civilización no es meta que el hombre visa, sino mero resultado de actos encaminados hacia metas propias. Los individuos en cuyo esfuerzo una civilización se elabora no se ocupan en construirla, sino en cumplir su tarea. Ser civilizado es olvidarse de la civilización, para hacerla.

La civilización, como ente definible, como presentación consciente, es la suma de los actos que ya no hacemos, de las actividades que ya no compartimos, de las obras que ya no logramos producir. La civilización es savia coagulada, claridad endurecida en inmóviles cristales. Civilización es huella de unos blandos pies que huyeron.

La civilización es noción que origina en los intervalos de barbarie. Desde esa plataforma de escombros heteróclitos y de botín extravagante, un espectador ávido sintetiza la actividad y los productos de una sociedad que lo deslumbra. La civilización es el espectro que una sociedad insigne proyecta sobre hordas que rondan sus fronteras.

La barbarie no es exterminio militar, sino alienación del hombre. Regresión imprevista; súbito retroceso sobre una existencia limitada a las urgencias biológicas. Bárbaro es quien erige el desnudo orgullo de la vida sobre un suelo indiferente. El bárbaro no es el particionero de civilizaciones primitivas, sino el hombre que sólo participa de codicias y recuerdos. Bárbaro es el vecino menesteroso de un presente que lo asombra; bárbaro es el sucesor desposeído de un pasado que lo humilla.

Nómada que un asalto victorioso hospeda en una ciudad devastada, el bárbaro se postra ante un objeto venerable, sacro, y ajeno a su vida. El bárbaro admira los productos de exigencias incógnitas. El bárbaro considera como fin de sí mismas esas obras referidas a valores que ignora, esas presencias que lo seducen como el aroma de una reminiscencia disipada. Para el bárbaro la civilización es juego fascinante. Su respeto atónito no lo salva de su condición primigenia, ni lo rapta a su espontaneidad cerril.

Si la idea de civilización es hallazgo de un hombre alienado de las más altas funciones del hombre, su empleo indica meramente la presencia de un hombre extraño a la concreta civilización que designa. Para encontrar una noción que traicione la barbarie universal de quien la inventa, debemos recurrir a la noción de cultura.

La cultura, en efecto, es el conjunto de actividades encauzadas hacia sí mismas como meta. La cultura es omisión o negligencia de la meta propia a cada actividad, y la atribución substitutiva de la actividad como propia meta de sí misma. La cultura religiosa no es ocupación con lo sagrado, sino con la religión; la cultura filosófica no es preocupación de la verdad, sino de la filosofía. La cultura estética no es creación, sino información y culto.

La cultura es invento del hombre para reemplazar empresas perentorias por ocupaciones sosegadas. La cultura aplaca la sospecha de nuestra insuficiencia; y ocupando nuestra atención con cosas serias, nos exime deliciosamente de toda seriedad. La cultura es método para domesticar las interrogaciones del destino. La cultura es cacería de fieras enjauladas.

Síntoma de una total alienación del hombre, la cultura es rastro de un pretérito incendio.

Estupefacto ante el esplendor que asegura, el

hombre desatiende el valor que arde en las nobles presencias que venera; y acepta su impetuosa grandeza como pertenencia legítima de su desnuda condición. El hombre admira sus obras, y pronto idolatra sus manos.

El hombre olvida la función que sus obras cumplen, y les atribuye el valor que sólo realizan. La obra se alza en única presencia veneranda; en su sombra palidecen y se esfuman los grandes espectros axiológicos.

La obra, creación del hombre, parece depender del hombre solo; su valor es reflejo del hombre que la crea. El valor abandona el universo y adhiere a la condición humana. El hombre funda el pomposo culto de sí mismo.

La piadosa procesión levanta altares sucesivos al individuo, a la razón, al genio, y a la humanidad. Pero el hombre desenmascara las transitorias imposturas de la deidad huidiza que persigue, y acorrala, en fin, la sombra esquiva en la lóbrega cripta de su libertad.

La libertad es el último recurso del hombre que se busca, y la sola definición de sí mismo que acepta. Como el rechazo de lo adventicio y de lo ajeno es, en efecto, hazaña de nuestra libertad, la libertad coincide, necesariamente, con nuestra pureza absoluta y con nuestra diferencia radical.

Si el hombre se funda en libertad, todo acto libre es valor, y toda sumisión es necesidad estólida, toda resistencia obstáculo brutal y torpe. Sólo una textura actual de hechos lo limita, pero el hombre es dueño virtual de su destino, amo virtual del mundo.

Sin embargo, la libertad absoluta, la libertad paralizada en valor único, rebelde a la opción ineluctable, sorda a su vocación secreta, es libertad carente de propósito, de finalidad, y de meta. La libertad que se determina a sí misma no se determina a nada.

Una libertad absoluta exige el suicidio como su única manifestación perentoria. Pero si el hombre devorado por una libertad abstracta no se resuelve a rechazar la opción de su existencia, los apetitos elementales lo guían, y las urgencias animales lo arrastran. Un hombre libre es un hombre sometido a las servidumbres de la vida.

El hombre libre es súbdito de sus faunas interiores. Cuando perecen los valores, el inconsciente individual y el inconsciente de la especie determinan sus actos.

El hombre libre es siervo del sustento. Cuando perecen los valores, las relaciones económicas gobiernan la estructura social.

El hombre libre es esclavo del lucro. Cuando perecen los valores, las clases que la sociedad educa para la consecución de bienes materiales adquieren el prestigio social y conquistan la hegemonía política.

El hombre libre es víctima del más evidente motivo de su orgullo. Cuando perecen los valores, toda actividad se supedita a meras consideraciones de eficacia, y las técnicas inician una campaña victoriosa contra el mundo. Pero el mismo gesto que desdeña el grano de la piedra, o la blanda inclinación de las colinas, multiplica el tedio humano, y atiza trágicas fraguas.

Sus obras, en fin, las obras que lo envanecen y lo exaltan, si no tienen más significado que el vano significado de ser suyas, no son sino bajeles que lanza un niño triste para que naufraguen en la historia.

Mera expresión del hombre, la obra no es acto de su libertad, sino obediencia de su infinita servidumbre. El hombre se libera de la libertad de opciones necesarias, para rendirse a una necesidad sin opción. Quien rechaza la necesidad que guía sus actos libres, se halla determinado, sin recurso, por la bruta necesidad del mundo.

Los hombres llamados prácticos no son, necesariamente, hombres capaces de acciones eficaces, sino hombres incapaces de consideraciones teóricas. Lo que caracteriza, en efecto, al hombre práctico es la dificultad con que se expresa, y la ineptitud o la impericia de sus explicaciones. Aun el sentido común disfraza meramente una imaginación apática servida por un vocabulario pobre. Nadie recuerda las catástrofes que el hombre práctico desata, porque ninguna teoría las apadrina.

La teoría, en verdad, es el testimonio que incrimina al suspecto, pero a la postre sus consecuencias técnicas la acreditan; y como el hombre aprueba sin reato todo lo que aprovecha, la teoría adquiere finalmente, con los beneficios que granjea la técnica, el peso práctico que la reconcilia con las suspicacias ciudadanas. Sin embargo, al rescatarla de su natural descrédito, el técnico la substrae del sitio donde controversias permanentes le recuerdan su incierto origen, y la aventura entre menesteres cuya premura la petrifica en superstición similar a la obstinación del vulgo.

Si el hombre práctico, en efecto, se burla de toda imagen del mundo disímil de la suya, el técnico se irrita contra toda tesis disidente; si el primero confía en las enseñanzas de una experiencia inmutable, el segundo omite el dato que no se aviene a su doctrina; si el uno refrenda sus rutinas, el otro estatuye sus prejuicios; y ambos confieren a su mundo familiar una soberanía abusiva. Ambos se proclaman, sin duda, cazadores de evidencias puras; pero la realidad que el empírico respeta como necesidad del objeto, es artefacto del hombre; y la teoría que el técnico venera como edificio de una razón libre, es producto de la historia. La estolidez del hombre práctico apela, para juzgar todo hecho, a una supuesta naturaleza de las cosas que resulta ser, tan sólo, una configuración histórica de procedimientos; mientras que la suficiencia del técnico, a su vez refiere todo juicio a una presunta constatación experimental que es, meramente, una configuración histórica de opiniones.

Suponer, en efecto, que somos capaces de plantarnos ante el mundo con sencillez desprevenida, es despropósito de quien olvida nuestra común obediencia a pronunciamientos ajenos. Lo que nos conmueve suele supeditarse a una autorización de conmovernos; y tanto nuestros espontáneos sentimientos, como nuestros más intrincados raciocinios, son el fruto de elaboraciones colectivas. Manos inmemoriales guían el titubear de nuestra mano.

El peso de acontecimientos remotos tuerce la trayectoria de nuestros actos actuales, y el pasado más lejano fluye en las venas del presente. La historia es el proscenio de nuestra miseria y nuestra gloria, el raso territorio donde se agazapa el destino.

Siervo adscrito a la gleba de su condición indeleble, el hombre mora en la turbia selva de la historia. Toda evidencia germina en la putrefacción de generaciones pretéricas. Toda verdad tiene el agrio olor de un suelo.

Nuestra razón, no obstante, se insubordina contra la opresión de decisiones vetustas y anhelando una verdad que la historia no enturbie, deseamos capturar el cuerpo cuya sombra se quiebra sobre los relieves del pasado. Pero asirnos a un peñasco inmóvil, para burlar la furia de las aguas, es una hazaña imposible en un mar donde ruedan los hombres y las rocas.

Toda teoría que presume evadirse del tiempo es obra de un anhelo que el tiempo engendra, en materiales que el tiempo labra. El artificio más abstracto radica en la impura confusión de la historia, y de allí convoca su incorrupta florescencia. Nada, quizás, limite la ascención de las cimas, pero el viento perdura en la inclinación de las ramas, y la sierpe de raíces ata el tronco inmóvil a los jugos de entrañas sombrías.

La simple incuria de su condición histórica no manumite al hombre de su esclavitud; y la proclamación de una independencia ficticia lo entrega ciegamente a los mandatos del día. Transformar en conciencia lúcida nuestra bruta condición humana es la única conducta que permite una obediencia noble, o una noble rebeldía. La razón de nuestro estado, y las pruebas de su plausible trascendencia, no se agotan, quizás, en la historia; pero si nada, tal vez, circunscribe nuestro vuelo, las águilas se enhiestan desde las vertientes de las peñas.

Sólo, luego, la historia escrita, integrando la vida inmediata en el amplio universo de la experiencia humana, consigue rescatarnos de una sumisión inerte al temporario veredicto del instante.

Pero no basta, ni el catálogo minucioso de un cronista, ni el relato de un narrador elocuente, para que el historiador conspire a nuestra libertad. Sumergido en el tiempo, el historiador domina apenas la planicie momentánea entre dos olas. La historia lo confina en un período; y añade a las limitaciones de su carne las limitaciones de su tiempo. Todos somos substancia de siglos, en figura de instantes.

El lastre que agobia la memoria no se transfigura en iluminación del espíritu, sino cuando el historiador descubre un esquema filosófico, en donde los hechos se ordenan de una manera que nos permite comprender a cada uno, propiamente, cómo fue.

Si el historiador no inventa un artificio que compense la limitación de su confinamiento humano, la perspectiva natural de su época se endurece en esquema. El historiador ingenuo impone al mundo la estructura de su instante, y el objeto resulta mera proyección anacrónica de un tiempo individual sobre el tiempo universal de la historia. Una prevención sistemática es requisito para que los hechos manifiesten su historicidad autónoma; sin esquema filosófico la narración histórica es simple documento para un historiador futuro.

El esquema filosófico es el artificio por medio del cual el historiador corrige la falsificación que la historia padece, al centrarse espontáneamente en la visión de un individuo en un instante y en un sitio. El esquema es definición hipotética de un punto, desde el cual el historiador puede medir un ángulo superior a cualquier ángulo conocido. Toda filosofía de la historia consiste en reemplazar el foco natural de convergencia, que es la conciencia individual, por un punto definible que funcione como su substituto, pero que permita, encumbrado con la máxima remoción concebible, que el historiador incorpore, en una red coherente de líneas cartográficas, no solamente los datos de su visión propia, sino también los datos presentados en visiones ajenas. El filósofo de la historia es cartógrafo que define la proyección que exhibe, con mínima distorsión, un territorio que sólo conocemos aunando itinerarios de viajeros desacordes. Una filosofía de la historia no es un sermón con anécdotas, sino un mapa.

Aun cuando el historiador ambiciona que el punto que define coincida con el supuesto punto desde el cual la realidad se ordena, la razón no puede medir la aproximación de un punto hipotético a un punto cuya localización ignora, y sólo conjetura el grado de aproximación lograda, determinando la eficacia con la cual el esquema salva las evidencias que sustentan su empeño. Mera herramienta de la razón histórica, el esquema abroga su función, si entorpece al espíritu ávido de tributar a cada hecho, la misteriosa justicia de comprenderlo como es.

Comprender el hecho, la persona, o la obra, es el propósito central del historiador, el designio particular que lo distingue. Comprender es el acto de la razón en la historia. Un historiador es un hombre que se propone comprender.

La comprensión es actividad irreductible a operaciones intelectuales más sencillas, cualquiera que sea el número de factores con que opere, y acto cuyo logro no admite instancia externa que lo proclame. La comprensión apela a cuantos artificos consiga y asedia su objeto con definiciones que lo colocan en sucesivos cuadriculados conceptuales; pero comprender no es la suma de operaciones múltiples, sino el excedente de la suma. Comprender es lo que aún queda por hacer, después de definir.

La comprensión es acto que se aprehende a sí mismo, se cata, y se valora. Comprender, por lo tanto, no es constatar un resultado referible a una escala ni operar un cálculo cotejable a una regla. Como el indicio de la comprensión lograda no es más que la comprensión misma, su amenaza constante es el engaño; y lo que nos revela que hemos comprendido poco o mal, no es una censura extraña ni una enseñanza ajena, sino un acto nuevo de comprensión, más generoso o más profundo. Comprender es tautológicamente, comprender.

Determinar, luego, la eficacia de un esquema filosófico, no es compararlo a la verdad, sino a nuestras evidencias. El esquema comprueba su eficacia, cuando su uso facilita la comprensión de un hecho, de una persona, o de una obra, porque la comprensión es la finalidad del esquema, y su juez.

Para juzgar los diversos esquemas existentes, sería redundante examinar las innúmeras filosofías de la historia; ya que cada filosofía, lejos de presentar un esquema inédito, no es sino la distinta manera de emplear un mismo esquema, o de combinar a varios ya que los esquemas pertenecen a un breve repertorio de formas. Los esquemas son, ciertamente, pura posibilidad formal que asume, para actualizarse, un carácter individual y concreto; pero su existencia exclusiva como decisión encarnada no prohíbe remontar a su temática pura.

Tres esquemas básicos agotan nuestro actual elenco.

El esquema más antiguo es el esquema del providencialismo histórico: tesis rancia y venerable, pero estéril.

Atribuir, en verdad, a una divina providencia, como a su causa inmediata y constante, la totalidad de la historia no es tanto plantear enigmas a la conciencia ética, como proponer una explicación que nada explica. El providencialismo profesa que el hecho acontece porque la providencia lo decide; sin alegar más prueba de la decisión que el hecho acontecido. No siendo partícipes de consejos divinos, sólo leemos en los hechos las decisiones de la providencia;

pero hecho y decisión son una misma cosa, si el hecho depende de la decisión, y si la decisión se conoce como hecho. Siendo el hecho única presentación actual, la providencia resulta mero sinónimo de la totalidad acontecida. Explicar por medio de la divina providencia es, estrictamente, no haber dicho nada.

El esquema progresista reemplaza el plan providencial por una finalidad interna. El historiador progresista supone que la historia entera se endereza hacia una meta definible, y parte de su definición para comprender los acontecimientos pasados. La meta que elige puede ser la nación, la humanidad, una clase social, o una situación utópica cualquiera, siempre el resorte de su esquema es el tratamiento de cada hecho como mero eslabón de una cadena de causas que convergen hacia el efecto elegido. De todo hecho, así, el historiador progresista no considera sino la porción que juzga pertenecer a la serie ancestral que le interesa; y omitiendo todo aquello cuya pertinencia le parece nula, suele substituir a los meandros de las sendas históricas un camino imperterritamente recto.

Un acontecimiento privilegiado suscita el desvelo del historiador progresista, para quien el pasado es, siempre, aparejo transitorio de un milenio. Negando a las cosas el derecho de existir para sí mismas, repudiando con la autonomía de los seres la libre finalidad de los actos, midiendo el valor del hecho a un propósito ajeno, el historiador progresista anula la historicidad de la historia.

El tercer esquema básico, finalmente, consiste en la reducción de la totalidad del acontecimiento a un solo factor histórico, a un solo grupo de factores. Que el factor escogido sea el instinto sexual, la constitución étnica o un comportaminto social cualquiera, la historia reductista sacrifica la plenitud histórica a la comodidad de su esquema artificial y coherente. Como el factor seleccionado es siempre universal, su presencia incontestable lo designa como factor determinante, si se convino, previamente, reducir los demás factores a simples funciones del factor predilecto. La historia reductista impone a todo hecho, sin distinción, una estructura uniforme, monótona y anticipadamente aprestada, cuya plausible validez parcial en una situación determinada se extiende abusivamente, a toda situación cualquiera. Quien admite la preponderancia sistemática de un factor único, halla, simultáneamente, su tesis comprobada por toda instancia histórica, y la historia entera compendiada en una estructura paradigmática, exterior al tiempo, e indiferente a la historia.

La historia reductista suprime la historia, entronizando en su lugar una ley abstracta que la volatiliza en mera serie de ejemplos nugatorios.

Con el providencialismo, la historia se coagula en grumos de acontecimientos enquistados; con el progresismo, la historia se desvanece en haz de trayectorias inanes; con el reductismo, la historia se paraliza en sistema intemporal de funciones.

A pesar de su fracaso final, los tres esquemas muestran, sin embargo, una eficacia parcial y transitoria, porque cada cual, aisladamente, permite cumplir con una exigencia previa del acto de comprensión histórica.

El providencialismo, en efecto, atribuye a los hechos una gravedad y un peso que los substraen a su insignificancia primitiva de incidencias brutas, y nos obliga, al ungirlos en etapas terrestres de un proceso trascendente, a concederles una finalidad interna y propia, ya que al designarlos como fines divinos debemos eximirlos de ser meros expedientes humanos.

Así se facilita la condición primera de la inteligibilidad histórica, que consiste en respetar la individualidad irreemplazable del hecho. Nada, en verdad, substituye a nada.

El progresismo, a su vez, logra deshelar, de su inmovilidad, los hechos pasmados en indistintas decisiones divinas, creando vórtices que los atraen y los aspiran, desatados en un fluir de aguas vehementes. El progresismo instala sucesivos principios de racionalidad intencional en el homogéneo acervo de recuerdos, y agrupa los hechos inconexos en series que la razón recorre, como etapas de una dialéctica sinuosa y flexible.

Así se facilita, a su turno, la segunda condición de la inteligibilidad histórica, que consiste en referir todo hecho a una instancia más general.

El reductismo histórico, en fin, disuelve la compacta opacidad de bloque en que todo acontecimiento se presenta, y persiguiendo, a través de innúmeros vericuetos y de múltiples vicisitudes, el factor que elige, consigue analizar la estructura interna de los hechos, y trazar las curvas laberínticas de sus articulaciones.

Así se facilita, finalmente, una tercera condición de la inteligibilidad histórica, que consiste en considerar todo hecho como un sistema inagotable de interdependencias.

Para obviar, sin embargo, el inapelable fracaso, no basta, ni combinar los esquemas, ni aplicar las condiciones como reglas.

Resolver el problema por medio de combinaciones ingeniosas es, tan sólo, volver explícitas las contradicciones internas de cada esquema, porque la contradicción de cada esquema consigo mismo –es decir: con su intento– no es más que una contradicción con la regla implícita en otro esquema.

Renunciar, por otra parte, a todo esquema, para afrontar la historia con el solo apoyo de las reglas, es olvidar que, sin esquema filosófico, el hombre se confina en su situación inmediata, y que su exilio en el instante lo somete a una historia irredimida.

Después de registrar las contradicciones de cada esquema puro, falta aún por anotar el defecto común a todo esquema actualizado.

El esquema puro es artificio analítico, y el historiador no posee sino la forma actualizada que asume entre sus manos. La providencia del providencialista es la deidad de su época; la meta del historiador progresista no es una meta cualquiera, sino una meta distinta y discernible; y el factor del historiador reductista es siempre un factor inconfundible y preciso. El esquema puro no puede actualizarse sin revestir un aspecto individual y concreto. Todo esquema actualizado es un esquema histórico.

El designio de eludir nuestra clausura temporal se frustra, si el esquema resulta ser proyección más sutil y más astuta del instante. Como el historiador sólo puede actualizar su esquema con la deidad que una época inventa, con la meta que una época anhela, o con el factor que una época distingue, su ambición de definir un punto encumbrado sobre su conciencia culmina, a través del proceso en que su esquema se actualiza, en una definición de su conciencia misma.

Sujeto al anacronismo insidioso de su historicidad persistente, el historiador confía en sus esquemas para comprender obras dilatadas, pero las promesas que avalan su ambición embaucan su candor. El historiador suele conocer más cosas, y más agudamente, que el cronista ingenuo, pero no las conoce de manera radicalmente diversa, ni las comprende mejor. La obra histórica acostumbra ser más fiel testimonio sobre el tiempo en el cual se escribe, que sobre el tiempo sobre el cual fue escrita.

Ningún esquema colabora a una interpretación de la historia libre de interferencias anacrónicas. Mera expresión de un individuo inserto en su tiempo histórico, el esquema carece de eficacia permanente, supeditándose a la concurrencia de momentos análogos. Producto de un constelación histórica, sólo coincide con análogas constelaciones en los espacios del pasado. Todo esquema actualizado restringe su eficacia al encuentro casual entre el historiador idóneo y un hecho propicio.

Entregando la historia a una oscilación fatal entre un encuentro feliz y un anacronismo ingenioso, el esquema confiesa su incapacidad de cumplir la condición básica de la inteligibilidad histórica.

En efecto, la condición básica de la comprensión, la condición anterior al intento, la condición limitativa del éxito, es la colocación del sujeto y del objeto dentro de situaciones idénticas. Como no comprendemos, estrictamente, sino lo que somos, sólo podemos comprender en los demás hechos lo que se halla dado, de alguna manera, en nuestra situación concreta. La identidad es la condición pura de la comprensión; y la similitud su condición histórica. Lo totalmente extraño es infranqueable a nuestra comprensión humana.

Para comprender un hecho, un hombre, o una obra, no basta, luego, percibirlos, conocerlos, analizarlos, explicarlos. Sin la clandestina simpatía de una situación similar, hecho, persona, y obra nos arrostran, como las estructuras petrográficas o las trayectorias de los astros.

Nuestra concreta situación se pulveriza, así, bajo el peso de la historia, si la comprensión no nos entrega con la inteligencia del pasado la inteligencia del presente; pero mientras sólo un esquema filosófico nos absuelve de nuestro confinamiento humano, el esquema fracasa porque resulta expresión de nuestra situación misma.

Resignarnos a una abyecta sumisión sería no solamente nuestra solución desesperada, sino también la solución inevitable, si el éxito parcial de los esquemas no mostrara la imagen de nuestra ambición cumplida, y no instara a transformar una eficacia casual y temporaria en eficacia natural y constante. La pauta de una empresa semejante es la impronta, en relieve, de la contradicción de cada esquema, y de su común vicio congénito; y el preámbulo de la encuesta es la enumeración sistemática de los requisitos que condicionan al esquema indemne.

Postulando todo hecho, como irreemplazable, como término en series infinitas, y como equilibrio de una pluralidad de factores, el esquema debe establecer, primeramente, que cada hecho necesita ser fin de sí mismo para cumplir un propósito que lo trasciende; evidenciar, después, la alcanzabilidad constante de las metas y su inagotabilidad permanente; fundar, en fin, el hecho y la meta en la totalidad de los factores, determinando la totalidad por la meta y el hecho.

En efecto, la individualidad se salva solamente cuando el hecho es fin de sí mismo; pero la pluralidad caótica solamente se ordena cuando la individualidad es condición de un propósito. Su principio de movimiento absorbe los hechos como medios fugaces, cuando la meta no es alcanzable en todo instante; pero el curso de la historia no fluye hacia un futuro indefinido, sino cuando la meta no se agota. El acontecimiento no se articula en estructura inteligible, sino cuando la totalidad de los factores funda el hecho y su meta; pero la estructura no excede una mera suma de constantes, sino cuando la individualidad y sus fines determinan la totalidad acontecida.

Así, el esquema adhiere a un universo, donde todo es individual, donde nada es independiente, y donde todo es complejo.

El esquema, en segundo lugar, no puede ser producto de un instante histórico, sino del más largo trecho histórico posible. Si el esquema es creación de una época, nada garantiza su eficacia en épocas distintas. Proyección de siglos, el esquema no puede ser obra individual, sino obra colectiva.

El esquema debe ser obra de generaciones que se suceden en el tiempo, pero que liga la coherencia interna de un propósito. Si el esquema es obra de una colectividad idéntica a la humanidad entera, o a un decurso de generaciones meramente yuxtapuestas, tanto el principio que las ordena, como el nexo que las ata, son creaciones del historiador, desde un presente; y el esquema no es obra de la continuidad histórica, sino del historiador instantáneo.

El esquema debe ser obra de generaciones cuya continuidad no es mera prolongación del propósito, sino realidad objetivada en un cuerpo autónomo. Si la continuidad histórica no se suma y se acumula en una estructura objetiva, la continuidad entre las generaciones sólo existe actualmente como construcción histórica de un historiador enceldado en su presente.

El esquema debe, así, ser obra de una colectividad instituida que atraviesa el tiempo, y cuya continuidad se plasma en una estructura permanente.

Sin embargo, el esquema no es enseñanza, ni doctrina. El esquema es la continuidad histórica misma de la colectividad. El esquema no es lo que la colectividad profesa, sino lo que la colectividad incorpora. El esquema es tradición.

La función de la continuidad histórica consiste, participando férvidamente de la historia, en allegar, a su paso por los siglos, la máxima cantidad de situaciones concretas, para plasmarlas en tradición vivaz e intensa, que es presencia actual del pasado, y realidad inmediata de la historia abolida.

La tradición es el sitio donde la heterogeneidad de las situaciones se ablanda en continuidad de situaciones similares y accesibles. El pasado no se convierte en presente eterno, para que el historiador lo comprenda, sino cuando se actualiza en tradición que lo asume, y lo contiene, como substancia de su esencia.

No basta, sin embargo, que exista una tradición, partícipe y coeva de la historia, si la vemos erguirse ante nosotros, como una experiencia ajena, y yerta. La tradición no puede ser continuidad histórica de una colectividad cerrada, sino continuidad de una colectividad abierta; cuerpo espiritual de una institución que acoge, y no posesión privativa de grupos consanguíneos.

La tradición no puede ser prerrogativa, ni patente, sino herencia de la vida. Todo individuo es heredero presunto, si recibe la tradición como una suma de evidencias que verifica después de recibirlas, colocado ya en ellas, y no antes de acatarlas.

Suma de situaciones históricas, la tradición es vida que el individuo asume en su concreta situación, para emplazarse en una situación universal concreta, donde halla, con la legitimidad de la herencia, la autenticidad de la historia.

O la historia misma engendra el esquema filosófico como un aluvión que emerge de su curso, o nuestra vida fluye entre la ondulación de las aguas. El esquema no puede ser, luego, invención, sino descubrimiento; presencia en la historia, y no simple actitud de quien la observa. Pero la posibilidad de enumerar sistemáticamente sus requisitos no implica que el esquema existe; sino, tan sólo, que sin él, la historia es un mito. La enumeración sistemática desemboca en una pesquisa empírica.

No se requiere, ciertamente, una indagación minuciosa para comprobar que el esquema no existe; ni se requiere, tampoco, una verificación difícil para cerciorarse de que la mayor aproximación conocida es la Iglesia Católica.

Afirmar, sin embargo, que la Iglesia sea el menos inexacto esquema filosófico que la historia conceda, no es prejuzgar su origen teológico, ni enfrascarse en un litigio apologético. Que la incoherencia de los hechos y su opacidad a la comprensión del hombre se disuelvan, sólo, desde la más dilatada cordillera de la historia, no es argumento para resucitar un providencialismo obsoleto, sino constatación bruta, que el historiador remite a un más alto tribunal.

Tal vez no sea la Iglesia la significación postrera de la historia, pero no encontramos ni otero dominante, ni perspectiva más propicia.

La Iglesia, en efecto, no mira al hombre como pieza inerte sobre el tablero del destino, sino como agente insumiso de designios que lo tienen por fin. Para la Iglesia, la historia puede consumarse en cada instante, bajo la figura de una salvación humana; y prorrogarse imprevisiblemente hasta una consumación del tiempo. Ante la Iglesia, el hombre es responsabilidad irrescindible de su libertad naufragada.

La Iglesia, finalmente, nos induce a contemplar la historia con reverencia inusitada, y a concederle una gravedad insólita, porque el drama sagrado que profesa no es alegoría de exangües combinaciones metafísicas, sino estructura carnal de decisiones en el tiempo.

Tal vez, por otra parte, no sea la Iglesia el eje de la historia; y, en todo caso, hoy no podemos, sin violentar los hechos, ordenarlos en series convergentes hacia ella. Tampoco es coetánea inmemorial del hombre, y una penumbra de milenios la precede. Pero, desde hace siglos, nada acontece que no hiera su vigilancia o su porfía; y el hilo tenue que liga nuestra conciencia actual a su alba lerda sobre los glaciares cuaternarios, es la veneración que nos inclina ante una tumba, y que nos ata a las sepulturas paleolíticas.

La Iglesia es la cloaca de la historia, el fluir tumultuoso de la impureza humana hacia mares impolutos. Su tradición no es manantial inmaculado que se infiltra entre espumas salobres, sino su misma historia cenagosa, infecta, y turbulenta. Tradición que englobaba a su adversario, y a sí misma; que arrastra en su corriente todo fantasma que se espejó en sus aguas.

La Iglesia no es procesión solemne bajo la bóveda del tiempo, ni ancha vía que cruza la espesura del mundo, sino trayectoria disparada entre los hechos, vértice de un torbellino que patentiza sólo el polvo que revuelve. Sangre de mártires, y vida de heresiarcas. La Iglesia crece en la historia, y la historia la nutre. Las piedras de sus muros durmieron en canteras expuestas al ardor de los cielos más diversos. Aún el impacto que rechaza perdura en la obstinación de su repudio. Sus fuegos se alimentan al hogar alejandrino. Las decisiones tridentinas son la impronta de una cogulla agustiniana.

Si la Iglesia, desde hace veinte siglos, percibe la más leve vibración histórica, como si extendiera sobre el mundo las ramificaciones de una sensibilidad crucificada, nada la afecta fugazmente, y su paciencia asume el insulto y el encomio.

La Iglesia es el único recinto donde la indiferencia no sofoca el eco de ninguna voz pretérita. La más remota controversia sólo vive en una conciencia que se indigna. Un emperador blasfemo ofende, como en el atardecer de Roma.

Pero la Iglesia no es, meramente, el espectador crispado de las confusiones imperiales, ni la impavidez episcopal ante los jinetes bárbaros, ni la sombra de un nuevo Augusto que se arroga las armas fulmíneas de Júpiter Capitolino. Veinte siglos mide su presencia; pero en su vetusta lozanía se concentra la sal de milenios.

La Iglesia es un gigantesco sinclinal en la geología

de los siglos, donde los detritos se acumulan en estratos intactos.

No es, tan sólo, que el viento de Judea sacuda harapos de profeta, ni que el alba de un día terrible se levante como un guerrero asirio. No es, tan sólo, que la arena insulte los arcos y los carros; ni que gire, sobre la cosecha de yelmos oxidados, el vuelo circular de los buitres. No importa que desde el cubo culminante de la torre erguida sobre la planicie de canales, entre el follaje de las palmas, los eunucos salmodien, a los planetas luminosos, las teogonías del abismo. No importa que a través de las gargantas de las calles, entre los acantilados verticales de las casas, en el bochorno de la tarde, en medio del silencio de muchedumbres pululantes, Babilonia contemple al héroe victorioso que ciñe sobre sienes helénicas la tiara aqueménida, y lo espere con su ofrenda de mujeres inmóviles sobre las terrazas dominantes. No es, tan sólo, que varios mundos la preparen, y que mil santuarios abolidos la precedan. La Iglesia no atraviesa los siglos como un vuelo de águilas caudales; sino como la ascensión del tronco sucesivo que circundan sus fugitivas primaveras.

La agonía del imperio entre la sangre de los taurobolios místicos se confunde, allí, con la luminosa espera de la nave. La voz que interrumpen las cigarras repercute en sus fervores cristalinos.

En las tinieblas de su cripta gimen, como animales asustados, los demonios del agua y del fuego que rondan los salmos sumerios. En las volutas de su incienso ascienden las grasas de obscenos sacrificios.

En su celda de carne, el alma espía la visita inefable; pero en el aposento más secreto del templo que guardan esfinges de granito, sombras claustrales ungieron blandos cuerpos para la penumbra florecida.

Las aguas rojizas del torrente reanudan los lamentos de la prostitución sagrada; y, para renovar la tierra adormecida, suaves manos recluyen al pastor mutilado, en la fosa donde pudren los antiguos inviernos.

Heredera de todas las angustias, sólo la Iglesia nos franquea el recinto de seda, donde el desdén de rostros impasibles, en la noche que rasga el chillido de las aves y el silbido de las flechas, se humilla ante un solio profanado.

Hija de esperanzas inmortales, sólo la Iglesia nos hermana a la meditación que cubre los peñascos asiáticos de una inmóvil epifanía de estatuas.

Su liturgia secular reitera el gesto de las consagraciones primitivas.

Un villorrio neolítico amasa un blanco pan en las grutas del Carmelo.

En la Iglesia perdura la postración del primer simio ante la impasibilidad de los astros.

El hombre suele recorrer su vida inclinado hacia delante: animal torvo, pusilánime, jadeante y ávido. Sometido al requerimiento de sus hambres, su actividad se subordina al propósito prescrito. Los golpes atropellados de su sangre asordan sus oídos. La solicitud del sustento limita su visión. Su percepción lucrosa talla los bloques de presencias a la medida de su afán y de su empeño.

Recelando incesantes peligros, sus múltiples urgencias acechan las amenazas que lo espían y sus apetitos tuercen sobre el mundo circundante su atención adherida a la meta. Extravasado, así, en los actos que prodiga, el hombre se desparrama en un fluir centrífugo. Su conciencia es espejo transeúnte de objetos.

Inmerso en la barahunda que lo aturde, el hombre se ignora a sí mismo; pero todo silencio lo rapta a su trivial asilo. Basta que propicias circunstancias suspendan el engranaje de sus actos y le permitan detenerse, quieto, absorto, sorprendido, para que la conciencia emerja de su sueño, como asciende, a través de ocultas grietas, un bullicio de aguas subterráneas. El hombre escucha atónito el rumor de su ser, ese fluir de claras linfas que esconde el estrépito del día. Espumas irisadas florecen en su breve aurora.

En la placidez fluvial de su remanso, la conciencia, eximida de su servil tarea, se vuelca hacia su propio centro y se vierte sobre su propia esencia. Internada en la espesura de sí misma, la certitud de su existir la deslumbra.

Desde el solio de la dubitación vencida, la conciencia regenta la suma de las cosas. En torno de su inconcusa afirmación, el universo instala sus arquitecturas transitorias. Su evidencia conforta la vacilante fábrica del mundo. En espacios interiores, su gesto traza la órbita de los elementos mensurables.

La certitud que la ilumina, al interrogar su rostro, no se sustenta en atributos que un raciocinio le conceda. La certitud es evidencia interna al acto que la funda. Existir es, en efecto, el modo como la conciencia se vive en su instancia postrera; la existencia es el acto unívoco de su irrestricta posesión. La conciencia adherida no se define como cosa existente, sino que llama existencia a su adhesión a sí misma.

Sobre la tautología que atestigua su autónomo existir, la conciencia establece pretensiones a la legislación del universo. El esquema de su adhesión a sí misma es la forma universal de su aprehensión categórica; y el principio de identidad no es axioma que regule su evidencia, sino fórmula empírica de su evidencia inmediata. La razón traduce en normas la constatación del hecho.

Pero no basta a la conciencia moldear el universo en su esquema de identidades racionales; la dificultad de imaginar un ser heterogéneo a su existir favorece la lisonja que la promulga en universo. Entregada a su ambiciosa empresa, dueña del cálculo y del mito, la conciencia anima la inercia de las rocas y asigna el rumbo de los astros. Cuando la imaginación cansada abdica en la razón el gobierno de su más sublime extravagancia, el universo cede a la presión astuta que lo labra en poliedros diamantinos.

Insobornables asperezas rechazan, sin embargo, su insolencia; la heterogeneidad la espanta con su irracional murmullo. Las constantes, las propiedades emergentes, los individuos, la humillan. La conciencia tropieza contra las murallas del mundo. El vigor mismo de su vuelo invasor, al rebotar contra la dura sombra, precipita entonces su regreso. La conciencia refluye hacia su reducto certero. En torno suyo, las presencias exangües recobran su intacto misterio. Impotente y pávida, liquida su triunfo.

Nuevamente la totalidad que la circunda reitera sus interrogaciones silenciosas. Formas autónomas de ser cruzan sus cielos interiores. La opacidad de la materia la afronta en inmóvil rebeldía.

Quizás pudiera confortarse en su derrota, urdiendo proyectos más sutiles, si un temblor no devolviese al polvo los últimos escombros. Bruscamente la conciencia advierte que la identidad no es principio que trascienda toda determinación del pensamiento. Lo contradictorio no es impensable, ni irreal, sino exterior al recinto que sus categorías coordenan. Su pretérita soberbia la deserta inerme ante la insurrección de las cosas.

Replegada sobre su posición primera, confinada en la penuria de su certidumbre perentoria, es inútil que se yerga para proclamar, ante el vacío, el incorruptible testimonio de su ser, si la misma evidencia le revela, en el mismo solitario instante, que su cándida existencia es una existencia arbitraria, un ente que ninguna razón cauciona, el grito de una garganta ausente, la presencia gratuita que mancha la lisa oquedad de la nada.

En el preciso instante en que no le cabe dudar de su existencia, la conciencia advierte que nada liga su existir inmediato a su existir distante, que su existir presente sólo se yuxtapone a su previo existir, que su existir actual no asegura su existir futuro. Existencia repentina que ni el momento anterior postula, ni el momento posterior garantiza; suma fortuita de constataciones instantáneas, como los eslabones inconexos de una cadena fabulosa. Circunscrita en su evidencia, la conciencia oscila sobre un abismo que su acto constitutivo insulta y manifiesta. Aislada, en fin, en la estricta afirmación de su existir, exenta de obligaciones explícitas, abandonada a su fiera libertad, pero vertiginosamente abierta a las ráfagas de la noche ilusoria, la conciencia es el proscrito misterioso de toda estancia duradera.

En esa luz helada, el hombre se conoce como un ser sitiado por la muerte. Su vida se despliega en sucesión indefinida de precarios eventos, imprevistamente redimidos. Morir es la expectativa lógica del ser que ninguna necesidad sujeta, y cuya existencia no traspasa el recinto donde su evidencia la enclaustra.

Corroídos por la angustia, la deseperación nos destruiría, si la ciencia de nuestra condición no fuese un fulgor que raya el sosiego de la conciencia desasida.

Presencias circundantes instan, pronto, nuestra menesterosa actividad a reanudar su compasivo estruendo. Las urgencias aplacadas reiteran sus solicitudes acerbas, y colaboran con nuestra cobardía a restaurar nuestra insipiencia. El ademán que reasume la tarea interrumpida empuja hacia el fondo del ser la clara evidencia, y obtura las siniestras grietas.

Pero el hombre no borra la obsesión de la muerte, aun cuando se consagre, enajenado y reverente, a la consecución de sus empeños cotidianos. Continuamente, en torno suyo, otras vidas resbalan sobre el universo intacto hacia la avidez de la tierra. En el silencio indiferente voces intrusas agonizan. El hombre habita una manufactura de cadáveres.

Sin embargo, la presentación nocional de la muerte, ajena o propia, se manifiesta inserta en circunstancias que mitigan su crudeza.

La muerte ajena se pliega a la ausencia, y substituye el horror de la desaparición irrevocable con la nostalgia de un eclipse temporal. La innocua cesación en el tiempo reemplaza la caída vertical fuera del tiempo en un incongruo espacio.

La experiencia de innúmeras muertes enseña al hombre su condena; mas, durante los años que preceden su inminencia, el hombre vive su muerte como cifra. Nada corrige el escepticismo de sus huesos. Una convicción lógica no mella la impoluta confianza de la vida. El hombre es un ser inmortal apto a morir en cada instante.

Sin embargo, lo que preserva al individuo no es su perplejidad ante el indeterminado vencimiento, sino la imposibilidad de imaginar su agonía. La muerte lo sorprende como imprevista aplicación de un principio; y nadie logra ajustarla a su destino, porque nuestra vida personal no se desata en ella. Toda existencia fenecida es frase que al azar interrumpe antes de que haya proferido su plenitud inteligible. La muerte es instancia de la especie; para afrontarla el individuo inmigra en la caterva humana. Siempre el estertor postrero prorrumpe de una carne mostrenca.

En cada hombre muere la condición humana. El espasmo final nos hermana al animal pavorido. Antes de disolvernos en la sombra anónima, retornamos a la matriz indistinta. Los rasgos irreemplazables, las adquisiciones del empeño y del azar, la compacta soberbia del ser individual, se consumen en llamas convulsas, como antorchas de paja bajo la embestida del viento. El cadáver, que aún sufre, ignora ya lo que constituyó su orgullo. La humillación de una confraternidad total precede la humillación del polvo.

Sólo el envejecimiento provoca la postrada anuencia del hombre al mero silogismo que lo hace mortal. Sólo palpamos el incorpóreo cuerpo de la muerte cuando la carne se esponja en ascosas blanduras. El primer impacto de la vida sobre una sensibilidad endurecida destapa la futura fosa. Cada instante que repentinamente patentiza el progreso de los años exhala un acre olor mortecino. El acto espasmódico y retráctil, por medio del cual la vejez se conoce a sí misma, hinca su fina extremidad en nuestro corazón amotinado.

Pero no son las postrimerías de la vejez, no son las últimas afrentas, no son los gritos que arranca a un ser previamente envilecido, lo que atribula nuestro descenso infernal. La senectud provecta, que encierra al miserable en su anillo de silencio, sólo entrega a la muerte un cadáver amortajado por la vida. Más sombrío es el proceso que redacta el catálogo de nuestras sucesivas impotencias.

Atados al patíbulo del tiempo, asistimos a la profanación de los años. Los sentidos embotados expulsan al universo circundante. Improvisas prohibiciones restañan nuestra lozana alacridad. Un leve sacudimiento basta para raptar a nuestras manos su presa rebelde y codiciada. En la vítrea frialdad de otras pupilas se espeja nuestra irremediable decadencia. La preferencia irresistible se torna en reverencia meditada. La ternura espontánea se empobrece en lealtad agradecida.

Pero si consistiera sólo en la porfiada fuga de las cosas, la vejez sería menos atroz. Envejecer no es sentirnos constreñidos a declinar la promesa de poseer el mundo, sino encontrarnos insensibles a la perdida posesión. Envejecer no es sucumbir a la cauta violencia que hurta nuestros bienes, sino dejarlos rodar de nuestras manos negligentes y laxas. Envejecer no es meramente estrechar entre los brazos una terrible ausencia. La vejez lerda que el tiempo vanamente insulta, la vejez necia que se agarra a las sombras, la vejez fatua que ignora su cuerpo de escarnio, son vejeces que deshonran la vejez. Para salvar su dignidad minada, la vejez lúcida anticipa su abdicación forzosa. La vejez lúcida se rinde al desdén.

Una tibia indiferencia corre sobre la faz del mundo. Todo parece inmóvil en la tarde quieta, pero la luz se opaca. Nada ha cambiado, sólo su esplendor se amortigua. La púrpura se funde en la penumbra; la flor gualda se agosta en su forma intacta y en su intacta pulpa. Las cosas preparan ya su fuga, pero aún suspenden su vuelo vacilante. La fruta tiembla aún en la cima de su curva.

¡Ah!, nuestra fuga precede toda fuga.

Navegamos a la deriva de los años, llevando como lastre nuestra inercia indiferente. Nada despierta nuestra curiosidad enmohecida; nada atiza nuestro amor. El afán de saber se aquieta en la admisión de la ignorancia; la ambición se cumple en la posesión de sus reveses; la inquietud se sacia con haber sido inquieta vanamente. Fluimos con linfas perezosas que la indolencia de la tierra vierte hacia el espesor del mar.

Mas el letargo del alma que deserta no es acatamiento resignado a la consumación inescapable. Su apático abandono, su dejadez glacial, no son renuncias que adelantan la dimisión que la vejez impone. La decadencia de nuestra carne corruptible publica el escándalo; pero la senectud no es substancia del fracaso, sino intrusa que delata su lealtad impía.

La vejez prematura ostenta la absorción, por la sangre y los huesos, de la hez de infortunio que la vida acumula. En la indiferencia de la edad viril, la experiencia, acendrada en los estratos inconscientes, expresa su sabiduría feroz. Para descubrir la vigilancia de la muerte, la vida no precisa chocar contra la vejez apostada en las brechas del cuerpo. Es en la herida de su deseo insatisfecho que el hombre afronta su impasible compañera.

El hombre es una avidez desatada sobre el mundo, una aspiración que trasciende toda órbita, un empeño de empresas inmortales, un apetito de esencias y de bienes. El hombre es el ser que codicias infinitas alzan a terribles rebeldías. Pero el hombre es el ansia que la sal no satura, el afán que nada abriga, en anhelo que se quiebra, el hambre que ignora el hartazgo. Ciegos bandazos lo acarrean de un propósito frustrado a un deseo que se malogra. La ambición se sofoca en las cenizas de sus galas. Los prestigios de la carne se consumen en la lividez de la aurora. El infortunio roe la estéril pulpa de su dicha.

Todo es muerte en el hombre; muerte emboscada; muerte furtiva.

Somos sangre de lémures, sangre de larvas.

Nuestro terrible aprendizaje es la suma de nuestros designios abortados. Las hambres reprimidas nutren nuestra experiencia de la muerte. El fracaso es la sombra del deseo sobre la felpa de la tierra.

La vida suele revocar con las alternancias del fracaso las alternancias del deseo. Para arrojarse sobre la presa deleitable, el hombre se yergue sobre la preterición de sus desastres. La vida es hueca, huera, vacua, horadada de cavidades y vacíos como una esponja migratoria. Dádiva absurda de la nada a la que la nada satura con sus aguas. Refugio inane contra la intrusión del destino.

La soberbia de transitorias arrogancias no esconde la permanencia de la angustia, porque la muerte no es mera extinción final, sino espiración que acompaña y equilibra cada aspiración de la vida. La muerte no sólo señala un rumbo a nuestros pasos, sino también escande su metro tedioso. La muerte no es tan sólo la extranjera que aguarda a la vera del camino, sino el huésped que nuestro ser hospeda.

La vida no es el intrépido contrincante de la muerte, sino la equívoca fusión de la existencia y de la nada. La vida es temporaria paciencia de la muerte. El hombre es evasión transitoria de su futura podredumbre.

Sin embargo, el único animal que sabe que tiene que morir, el animal adscrito a continua mudanza, el animal burlado por su obstinación quimérica, el animal que sólo palpa materias corruptibles, inventa la inmortalidad.

El hombre que muere, el hombre que es muerte; el hombre que presencia la invalidación de la esperanza, la abolición de la promesa, el nugatorio cumplimiento de su anhelo; el hombre que contempla y mide la extensión de las estrellas, que pesa la inestabilidad de las substancias, que prevé la declinación del universo hacia un estéril mar; un ser que todo huye; un ser de fuga, de abandono; un ser deleznable, lábil, quebradizo y frágil; un ser arbitrario que la oquedad engendra y la oquedad absorbe; ese ser misérrimo sucumbe a la ilusión más ambiciosa, profiere la afirmación más grotesca.

¿Será, en verdad, posible que fracasen los anhelos circunscritos en terrestres posesiones, y que el anhelo que trasciende toda condición conocida se cumpla? –¿Será posible que una existencia sin amparo y que gratuitamente se prorroga, de instante en instante, para que la muerte, al fin, la acoja en su siniestro abrigo, será posible que esa existencia insegura y débil, bruscamente, en plena consumación de su catástrofe, asuma un cuerpo incorruptible?

¿No será más verosímil suponer que la angustia trama mitos compasivos? –¿que la inercia de la imaginación prolonga, allende el silencio repentino, nuestra existencia usual? –¿que la dificultad de imaginar la cesación de toda cosa se aúna al pavor del animal racalcitrante para engendrar ese espectro? Teoría burlesca, hija del sueño que reitera la aparición de sombras esfumadas, hija del terco amor que espera un retorno ilusorio, hija de una voz secreta que asciende con los cipreses funerales.

Pero si nada responde al clamor del hombre que ronda las sepulturas primitivas, si nada contesta a la invocación de las cavernas sagradas, si el eco acalla la carne abandonada que aúlla a las estrellas; la razón cautelosa, que coloca los diminutos cubos de su raciocinio, no edifica menos incongruas pruebas. Limitada a tareas subalternas por la bajeza de su origen, el mismo rigor de sus actos la ata más firmemente a la tierra. Su precisión denuncia las analogías elocuentes de sus claudicaciones.

Pero si la razón proscribe sus propios argumentos, no basta la externa validez del testimonio para fundar la credibilidad de una revelación religiosa. Ante dogmas heterogéneos a la experiencia humana, el hombre se abstiene como ante proposiciones proferidas en idioma que ignora. La revelación supone un substrato previo: hallazgo de la experiencia, materia del pensamiento, presunción del espíritu, que organiza, informa, o sanciona; pero la revelación no es ácido que muerda sobre la inanidad de un grito, sobre la oquedad de un raciocinio trunco.

Si el hombre disfrutase de una experiencia prefigurativa, de un atisbo significativo y traslaticio, poco importaría entonces la incompetencia de una razón muda ante el ser y sus especies, consagrada solamente a la coherencia entre términos que ni postula, ni deduce, ni comprende. La doctrina de la inmortalidad no anuncia, en efecto, la autenticidad de un hecho más escandaloso, en sí, que el bruto existir de la conciencia, que el bruto ser del ser, que el hecho, en fin, absoluto y último de haber algo preferentemente a no haber nada. Pero la inmortalidad del alma es frase huera, estructura sonora que no coincide con estructura significativa alguna, si en algún rincón de la conciencia nada nos señala su rumbo, si no existe indicio de su región posible, especie en que consagre sus terrestres primicias.

Si el hombre necesita conocer presencias inmortales, no es para que vagas analogías lo conforten, sino para atribuir un rudimento de significado a la promesa. Si carece de experiencia perentoria, el hombre nada dice cuando se proclama inmortal.

Nada parece, infortunadamente, escapar a la muerte; todo, tarde o temprano, se derrumba en el yerto silencio. Los objetos materiales perpetuamente fluyen hacia la indiferencia postrera. La materia entera es mito donde la razón refugia el misterio que la afrenta. La población exangüe del firmamento axiomático difícilmente esquiva su origen arbitrario o empírico. La conciencia cesa con el individuo que muere, o sólo subsiste como postulado de otra carne. Si las constelaciones iluminan el ocaso de la tierra, ninguna luz preside el ocaso de las constelaciones.

La nada emerge impoluta de sus errores transitorios.

Sordo, así, a todo misericordioso engaño, averso a la lisonja tediosa del orgullo, ni vanamente rebelde, ni vanamente confiado, el hombre desespera ante ese universo igualmente insensible a su silencio o a su voz.

El hombre adosado a la nada afronta la nada infinita.

Repentinamente, sin embargo, en su más acerbo instante, apoyado sobre el suelo de su desesperación helada, el hombre, repudiado, vencido, derrelicto entre escombros, descubre, con fervor y pavura, ocultos en la hez de la experiencia, escondidos en las entrañas clandestinas del desastre, los rastros de una insólita evidencia.

Cuando más brusca es la quiebra de su anhelo, cuando la realidad aplasta la ilusión con más irónico ademán, cuando abominablemente se confirma la convicción del fracaso, cuando lo absurdo frustra el goce más cercano, cuando en el centro, en el secreto corazón, de todos sus empeños crece la ausencia hueca, la ausencia impía del bien que busca; inesperadamente, en la evidencia misma de la ausencia, el imposible objeto de su sueño plasma su existencia misteriosa y su presencia perentoria.

Lo que tiene por esencia no morir es la perfección inexistente de las cosas deseadas.

El deseo, el deseo que fracasa, el deseo que tiene por destino fracasar, el deseo que la vida sofoca y resucita, el deseo inmortal que nos tortura, es nuestra clandestina facultad de percibir la inexistente perfección del mundo: la perfección que escapa al vuelo del deseo, pero que la dura tensión de sus alas delata y manifiesta.

El hombre no desea los simulacros que la posesión le entrega. Si el objeto del deseo sólo fuese el objeto que nuestra posesión alcanza, si el objeto del deseo sólo fuese el objeto de nuestra percepción obtusa, el hombre no desearía con el terrible ardor con que desea; el deseo no sería la carne trágica del mundo. La intensidad fiera del deseo no mide nuestro desengaño, sino el resplandor del objeto. Su energía, su fuerza, su violencia, no son pujanza y bríos de internas urgencias animales; la vehemencia de nuestras hambres infinitas es contestación que el objeto evoca, respuesta a su voz que llama. El esplendor del objeto no es reflejo del deseo. El esplendor del objeto no es pretexto que brinda nuestra fiebre. El esplendor del objeto no es astucia de la vida para que el hombre sucumba a la tentación de vivir. Claros prestigios convocan nuestro anhelo. Nuestra pasión atestigua la magnificencia del mundo. Todo arde en sus propias llamas, y nosotros en las llamas de las cosas.

Del torpor en que consumen su alimento, el deseo desadormece nuestros brutos apetitos. A la inquietud que la adquisición serena se substituye la inquietud que el goce irrita. A la carencia que reclama, a la abundancia que conmina, a la necesidad que exige una satisfacción cabal, el deseo impone la presencia de una inesperada plenitud externa, de una perfección imprevisible, y eternamente prevista por nuestro corazón. El apetito se sacia en la posesión que lo mata, el deseo inmortal asciende de la posesión que lo hiere.

El apetito no culmina donde halla su clara rescisión, pero todo lo que nos expone a la agresión carnal del mundo favorece la percepción significativa de las cosas, la conminatoria alborada del deseo. Como la sensación a la interpelación de los signos, el deseo contesta al llamamiento de los significados. Desear es haber cedido a la presión inteligible de una significación patente. El hombre no desea ni el falaz objeto que sus manos logran estrechar, ni una adventicia claridad que el deseo mismo proyectara sobre la neutra superficie; el deseo es la manera de espejarse, en nuestro ser total, la esencia de un objeto.

Perfección individual que mora detrás de su existencia, acto primigenio antepuesto a su mera potencialidad empírica, ser total donde el ser parcial se corona, la esencia del objeto es la plenitud concreta, la plenitud colmada, la tierna pulpa intacta. La esencia es la anterior y previa florescencia de la promisión de toda cosa.

La esencia es el objeto mismo redimido de las limitaciones que lo oprimen. El objeto completo, intacto, puro. La validez de todos sus indicios. La curva que clausura sus formas. La límpida evasión de sus ramas. La penumbra donde su opacidad clarea, donde savias cristalinas hinchen sus raíces y sus venas. El contorno ceñido que lo ata a su embriaguez de plenitud.

El objeto del deseo es la esencia del blando ser que nuestra sed persigue, de la presencia material que fascina nuestro asombro, de la ocasión fugaz y pura donde nuestro temblor se alberga como en la frescura del follaje.

El deseo es la aprehensión del ser inexistente; no del ser sin realidad, sino de la realidad sin menguas; de la realidad que la existencia no mancha, ni mancilla. El objeto del deseo es la trascendencia individual de cada objeto, fuera de nuestra existencia irrisoria, fuera de nuestra vida escarnecida, fuera de nuestra muerte.

En su condición desposeída el hombre no percibe la esencia como plenitud concreta, sino como deseabilidad abstracta. La esencia individual ausente ostenta su evidencia en la llaga del deseo. Su presencia actual sería coronación del anhelo; su ausencia llana, neutralidad del ser indiferente; su presencia en la ausencia es su condición del objeto terrestre y deseado. La aparición del deseo revela una presencia que lo evoca y una ausencia que lo frustra.

Si el deseo, la codicia, la pasión, sólo nos entregan en el terrestre objeto la terrible transparencia de su materia inmortal; basta que nos detengamos ante cualquier presencia, desasidos sin revocar nuestra pasión, desinteresados sin repudiar el interés, absortos en contemplación serena sin suprimir el deseo, amalgamando, en fin, al amor que desimpersonaliza la indiferencia que objetiva, para que repentina y misteriosamente la esencia se libere de sus prohibiciones impalpables y rebose en su cuerpo tangible. El hombre traspasa la ausente presencia de su anhelo y percibe, palpa, posee, la carne única y sensual del supremo bien.

Compacto bloque de pasado, excluso de remotos archipiélagos, que una alusión evoca, con su trino silvestre, y precipita en las frondas del presente. Insólito viajero que confía a nuestro corazón diurno su eternidad de un instante.

Anhelo jubiloso que vacila sobre el borde de su

seguro cumplimiento, y absorbe en el presente real de su promesa la futura vendimia.

Mundo oculto en nuestro mundo transparente; blancura de una espalda en la floresta umbría; pureza del estanque bajo las ramas inclinadas.

Árbol que ostenta al sol de la mañana los cristales de la nocturna lluvia; quieto fulgor del mar entre troncos retorcidos; silencio en que se dora nuestro fervor desnudo.

Ancho horizonte de colinas bajo el opaco verde de los robles; valle que oculta entre sus sombras un desgranar de fuentes repentinas.

Primavera de la más clara primavera; verano que prodiga las pompas del verano; otoño de las mieles del otoño; invierno de la inmóvil primavera.

Zumo de abejas embriagadas; pan cotidiano del amor.

Carne del mundo, donde la carne resucita.

Es en el fracaso mismo; es en la oscura senda de su frustración y de su engaño; es en la materia deleznable, en la tierra friable, en la arena lábil; es en lo voluble, en la mudanza, en la blanda carne amenazada, donde el hombre halla el firme suelo de sus sueños.

Mito que el corazón añora y adivina, que el hombre ignora; pero que tal vez su terco fervor no desearía si no fuese prometido a su ardiente posesión.

El reaccionario auténtico

La existencia del reaccionario auténtico suele escandalizar al progresista. Su presencia vagamente lo incomoda. Ante la actitud reaccionaria el progresista siente un ligero menosprecio, acompañado de sorpresa y desasosiego. Para aplacar sus recelos, el progresista acostumbra interpretar esa actitud intempestiva y chocante como disfraz de intereses o como síntoma de estulticia; pero solos el periodista, el político, y el tonto, no se azoran, secretamente, ante la tenacidad con que las más altas inteligencias de Occidente, desde hace ciento cincuenta años, acumulan objeciones contra el mundo moderno. Un desdén complaciente no parece, en efecto, la contestación adecuada a una actitud donde puede hermanarse un Goethe a un Dostoievski.

Pero si todas las tesis del reaccionario sorprenden

al progresista, la mera postura reaccionaria lo desconcierta. Que el reaccionario proteste contra la sociedad progresista, la juzgue, y la condene, pero que se resigne, sin embargo, a su actual monopolio de la historia, le parece una posición extravagante.

El progresista radical, por una parte, no comprende cómo el reaccionario condena un hecho que admite, y el progresista liberal, por otra, no entiende cómo admite un hecho que condena. El primero le exige que renuncie a condenar si reconoce que el hecho es necesario, y el segundo que no se limite a abstenerse si confiesa que el hecho es reprobable. Aquél lo conmina a rendirse, éste a actuar. Ambos censuran su pasiva lealtad a la derrota.

El progresista radical y el progresista liberal, en efecto, reprenden al reaccionario de distinta manera, porque el uno sostiene que la necesidad es razón, mientras que el otro afirma que la razón es libertad. Una distinta visión de la historia condiciona sus críticas.

Para el progresista radical, necesidad y razón son sinónimos: la razón es la sustancia de la necesidad, y la necesidad el proceso en que la razón se realiza. Ambas son un solo torrente de existencias.

La historia del progresista radical no es la suma de lo meramente acontecido, sino una epifanía de la razón. Aun cuando enseñe que el conflicto es el mecanismo vector de la historia, toda superación resulta de un acto necesario, y la serie discontinua de los actos es la senda que trazan, al avanzar sobre la carne vencida, los pasos de la razón indeclinable.

El progresista radical sólo adhiere a la idea que la historia cauciona, porque el perfil de la necesidad revela los rasgos de la razón naciente. Desde el curso mismo de la historia emerge la norma ideal que lo nimba. Convencido de la racionalidad de la historia, el progresista radical se asigna el deber de colaborar a su éxito. La raíz de la obligación ética yace, para él, en nuestra posibilidad de impulsar la historia hacia sus propios fines. El progresista radical se inclina sobre el hecho inminente para favorecer su advenimiento, porque al actuar en el sentido de la historia la razón individual coincide con la razón del mundo.

Para el progresista radical, pues, condenar la historia no es, tan sólo, una empresa vana, sino también una empresa estulta. Empresa vana porque la historia es necesidad; empresa estulta porque la historia es razón.

El progresista liberal, en cambio, se instala en una pura contingencia. La libertad, para él, es sustancia de la razón, y la historia es el proceso en que el hombre realiza su libertad.

La historia del progresista liberal no es un proceso necesario, sino el ascenso de la libertad humana hacia la plena posesión de sí misma. El hombre forja su historia imponiendo a la naturaleza los fallos de su libre voluntad.

Si el odio y la codicia arrastran al hombre entre laberintos sangrientos, la lucha se realiza entre libertades pervertidas y libertades rectas. La necesidad es, meramente, el peso opaco de nuestra propia inercia, y el progresista liberal estima que la buena voluntad puede rescatar al hombre, en cualquier instante, de las servidumbres que lo oprimen.

El progresista liberal exige que la historia se comporte de manera acorde con lo que su razón postula, puesto que la libertad la crea; y como su libertad también engendra las causas que defiende, ningún hecho puede primar contra el derecho que la libertad establece.

El acto revolucionario condensa la obligación ética del progresista liberal, porque romper lo que la estorba es el acto esencial de la libertad que se realiza. La historia es una materia inerte que labra una voluntad soberana.

Para el progresista liberal, pues, resignarse a la historia es una actitud inmoral y estulta. Estulta porque la historia es libertad; inmoral porque la libertad es nuestra esencia.

El reaccionario, sin embargo, es el estulto que asume la vanidad de condenar la historia, y la inmoralidad de resignarse a ella.

Progresismo radical y progresismo liberal elaboran visiones parciales. La historia no es necesidad, ni libertad, sino su integración flexible.

La historia, en efecto, no es un monstruo divino. La polvareda humana no parece levantarse como bajo el hálito de una bestia sagrada; las épocas no parecen ordenarse como estadios en la embriogenia de un animal metafísico; los hechos no se imbrican los unos con los otros como escamas de un pez celeste.

Pero si la historia no es un sistema abstracto que germina bajo leyes implacables, tampoco es el dócil alimento de la locura humana. La antojadiza y gratuita voluntad del hombre no es su rector supremo. Los hechos no se amoldan, como una pasta viscosa y plástica, entre dedos afanosos.

En efecto, la historia no resulta de una necesidad impersonal, ni del capricho humano, sino de una dialéctica de la voluntad donde la opción libre se desenvuelve en consecuencias necesarias.

La historia no se desarrolla como un proceso dialéctico único y autónomo, que prolonga en dialéctica vital la dialéctica de la naturaleza inanimada, sino en un pluralismo de procesos dialécticos, numerosos como los actos libres y atados a la diversidad de sus suelos carnales.

Si la libertad es el acto creador de la historia, si cada acto libre engendra una historia nueva, el libre acto creador se proyecta sobre el mundo en un proceso irrevocable. La libertad secreta la historia como una araña metafísica la geometría de su tela.

La libertad, en efecto, se aliena en el mismo gesto en que se asume, porque el acto libre posee una estructura coherente, una organización interna, una proliferación normal de secuelas. El acto se despliega, se dilata, se expande en consecuencias necesarias, de manera acorde con su carácter íntimo y con su naturaleza inteligible. Cada acto somete un trozo de mundo a una configuración específica.

La historia, por lo tanto, es una trabazón de libertades endurecidas en procesos dialécticos. Mientras más hondo sea el estrato donde brota el acto libre, más variadas son las zonas de actividad que el proceso determina, y mayor su duración. El acto superficial y periférico se agota en episodios biográficos, mientras que el acto central y profundo puede crear una época para una sociedad entera. La historia se articula, así, en instantes y en épocas: en actos libres y en procesos dialécticos. Los instantes son su alma fugitiva, las épocas su cuerpo tangible. Las épocas se extienden como trechos entre dos instantes: su instante germinal, y el instante donde la clausura el acto incoativo de una nueva vida. Sobre goznes de libertad giran puertas de bronce.

Las épocas no tienen una duración irrevocable: el encuentro con procesos surgidos desde mayor hondura puede interrumpirlas, la inercia de la voluntad puede prolongarlas. La conversión es posible, la pasividad familiar. La historia es una necesidad que la libertad engendra, y la casualidad destroza.

Las épocas colectivas son el resultado de una comunión activa en una decisión idéntica, o de la contaminación pasiva de voluntades inertes; pero mientras dura el proceso dialéctico en que las libertades se han vertido, la libertad del inconforme se retuerce en una ineficaz rebeldía. La libertad social no es opción permanente, sino blandura repentina en la coyuntura de las cosas.

El ejercicio de la libertad supone una inteligencia sensible a la historia, porque ante la libertad alienada de una sociedad entera el hombre sólo puede acechar el ruido de la necesidad que se quiebra. Todo propósito se frustra si no se inserta en las hendiduras cardinales de una vida.

Frente a la historia sólo surge la obligación ética de actuar cuando la conciencia aprueba la finalidad que momentáneamente impera o cuando las circunstancias culminan en una conjuntura propicia a nuestra libertad.

El hombre que el destino coloca en una época sin fin previsible, y cuyo carácter hiere los más hondos nervios de su ser, no puede sacrificar, atropelladamente, su repugnancia a sus bríos, ni su inteligencia a su vanidad. El gesto espectacular y huero merece el aplauso público, y el desdén de aquellos a quienes la meditación reclama. En los parajes sombríos de la historia, el hombre debe resignarse a minar con paciencia las soberbias humanas.

El hombre puede, así, condenar la necesidad sin contradecirse, aunque no pueda actuar sino cuando la necesidad se derrumba.

Si el reaccionario admite la actual esterilidad de sus principios y la inutilidad de sus censuras, no es porque le baste el espectáculo de las confusiones humanas. El reaccionario no se abstiene de actuar porque el riesgo lo espante, sino porque estima que actualmente las fuerzas sociales se vierten raudas hacia una meta que desdeña. Dentro del actual proceso las fuerzas sociales han cavado su cauce en la roca, y nada torcerá su curso mientras no desemboquen en el raso de una llanura incierta. La gesticulación de los náufragos sólo hace fluir sus cuerpos paralelamente a distinta orilla.

Pero si el reaccionario es impotente en nuestro tiempo, su condición lo obliga a testimoniar su asco. La libertad, para el reaccionario, es sumisión a un mandato.

En efecto, aun cuando no sea ni necesidad, ni capricho, la historia, para el reaccionario, no es, sin embargo, dialéctica de la voluntad inmanente, sino aventura temporal entre el hombre y lo que lo trasciende. Sus obras son trazas, sobre la arena revuelta, del cuerpo del hombre y del cuerpo del ángel. La historia del reaccionario es un jirón, rasgado por la libertad del hombre, que oscila al soplo del destino.

El reaccionario no puede callar, porque su libertad no es meramente el asilo donde el hombre escapa al tráfago que lo aturde, y donde se refugia para asumirse a sí mismo. En el acto libre el reaccionario no toma, tan sólo, posesión de su esencia.

La libertad no es una posibilidad abstracta de elegir entre bienes conocidos, sino la concreta condición dentro de la cual nos es otorgada la posesión de nuevos bienes. La libertad no es instancia que falle pleitos entre instintos, sino la montaña desde la cual el hombre contempla la ascensión de nuevas estrellas, entre el polvo luminoso del cielo estrellado.

La libertad coloca al hombre entre prohibiciones que no son físicas e imperativos que no son vitales. El instante libre disipa la vana claridad del día, para que se yerga, sobre el horizonte del alma, el inmóvil universo que desliza sus luces transeúntes sobre el temblor de nuestra carne.

Si el progresista se vierte hacia el futuro, y el conservador hacia el pasado, el reaccionario no mide sus anhelos con la historia de ayer o con la historia de mañana. El reaccionario no aclama lo que ha de traer el alba próxima, ni se aferra a las últimas sombras de la noche. Su morada se levanta en ese espacio luminoso donde las esencias lo interpelan con sus presencias inmortales.

El reaccionario escapa a la servidumbre de la historia, porque persigue en la selva humana la huella de pasos divinos. Los hombres y los hechos son, para el reaccionario, una carne servil y mortal que alientan soplos tramontanos.

Ser reaccionario es defender causas que no ruedan sobre el tablero de la historia, causas que no importa perder.

Ser reaccionario es saber que sólo descubrimos lo que creemos inventar; es admitir que nuestra imaginación no crea, sino desnuda blandos cuerpos.

Ser reaccionario no es abrazar determinadas causas, ni abogar por determinados fines, sino someter nuestra voluntad a la necesidad que no constriñe, rendir nuestra libertad a la exigencia que no compele; es encontrar las evidencias que nos guían adormecidas a la orilla de estanques milenarios.

El reaccionario no es el soñador nostálgico de pasados abolidos, sino el cazador de sombras sagradas sobre las colinas eternas.

ESTA PRIMERA EDICIÓN DE *TEXTOS I*,
DE NICOLÁS GÓMEZ DÁVILA, SE ACABÓ DE IMPRIMIR
EN SABADELL, EN LA IMPRENTA
TESYS, EN MARZO
DE 2010